anders & wunderlich

Oliver Wunderlich

Wir, die Anderen

22 Menschen und ihre Geschichte

Oliver Wunderlich, Jahrgang 1964, ist in München geboren und aufgewachsen. Seit mehr als zehn Jahren spricht er seine Texte in ein Mikrofon. Seine Podcasts sind regelmäßig Bestseller auf Audible und alleine für „Anders und Wunderlich" hat er schon über 600 Kurzgeschichten geschrieben. In „Wir, die Anderen" erscheinen 22 seiner Lieblingsgeschichten als Buch, Hörbuch und eBook.

© 2022 Oliver Wunderlich

Verlagslabel: Anders & Wunderlich

ISBN Softcover: 978-3-347-70827-3
ISBN Hardcover: 978-3-347-70828-0
ISBN E-Book: 978-3-347-70829-7
ISBN Großschrift: 978-3-347-70830-3
ISBN Hörbuch: 978-3-98762-363-9

Druck und Distribution im Auftrag des Autors:
tredition GmbH, Halenreie 40-44, 22359 Hamburg, Germany

Das Werk, einschließlich seiner Teile, ist urheberrechtlich geschützt. Für die Inhalte ist der Autor verantwortlich. Jede Verwertung ist ohne seine Zustimmung unzulässig. Die Publikation und Verbreitung erfolgen im Auftrag des Autors, zu erreichen unter: tredition GmbH, Abteilung "Impressumservice", Halenreie 40-44, 22359 Hamburg, Deutschland.

Inhaltsverzeichnis

CuRRRywurstolympiade ... 7
Kirschbonbonsammlung ... 21
Der Chef der Cowboys ... 31
Klopp, Klopp & Klopp ... 29
Die Feldflasche ... 47
Cha cha cha ... 63
Der Snickers-Krieg ... 77
Vier Jahreszeiten ... 67
Holbox ... 103
Der Heilige der Parksünder ... 115
Krüppelschnecke ... 131
Der Krieg der Buchstaben ... 149
Regentropfenerleuchtung ... 155
Der Saurierpulli ... 163
Bäckergeheimnis ... 169
Der Fluch von Bohlsen ... 177
Die Musikersekte ... 187
Lesbenmusik ... 199
Im Dunkeln pfeifen ... 211
Königin der wilden Kerle ... 227
Das Schatzhaus ... 239
Ghostwriter ... 199

CuRRRywurstolympiade

Alles, was uns von einem Leben in Luxus trennte, war eine gute Idee. Meinte Vater. Bis dahin arbeitete er in einer Druckerei. Vorübergehend, bis unvermeidlich der Reichtum über uns hereinbrechen würde. Nur bis zur guten Idee.

In Aydin, einem jungen Mann aus Anatolien, hatte er einen Gleichgesinnten gefunden. Beide arbeiteten in der Nachtschicht. Die Bezahlung war besser und es gab an vier von fünf Nächten, wenn die Zeitschrift nicht gedruckt wurde, wenig zu tun. In ihren Rauchpausen tauschten sie Ideen aus.

„Man müsste nur ..."

„Hat eigentlich schon jemand ..."

„In Everswinkel gibt es keine Currywurstbude. Man müsste nur so einen Wagen kaufen, mit Ofen und Fritteuse und Kühlschrank, dann könnte man einen Riesenreibach machen", meinte mein Vater eines Nachts.

„Currywurst schmeckt langweilig." Aydin war nicht beeindruckt. „Scharf", erklärte er, das gäbe es nur in der Türkei. Da gäbe es dieses Gewürz, „Pul Biber" hieße das, das sei richtig und wahrhaftig scharf.

„Nein, keine Ahnung", sagte er. „Kann man nicht übersetzen."

Da war sie, die lange gesuchte Geschäftsidee!

Am Wochenende präsentierten sie ihr Konzept meiner Mutter. Doch die hatte nicht genug Fantasie, um an den plötzlichen Wohlstand zu glauben, meinte Vater. Vielleicht waren die Vokabeln „kündigen" und „Erspartes investieren" zu abschreckend.

„Ich halte das für eine ausgesprochene Schnapsidee", sagte sie.

Am Ende gab sie doch grünes Licht. Papa und Aydin hatten für uns alle Begeisterung genug.

Drei Monate später durften sie ihren selbstlackierten Imbisswagen an der Bergstraße aufstellen. „Wolle und Aydin" stand da klein und über die ganze Länge: „Die schärfste CURRRYWURST westlich von Bombay!" Ihr Eifer hatte für ein „R" mehr als benötigt gereicht, was Mutter aber erst aufgefallen war, als der Lack getrocknet war.

„Das ist sogar gut! So heißt keine andere Currybude der Welt!", meinte Vater, der sich für das Marketing verantwortlich fühlte und überzeugt war, dass die Currywurst aus Indien stammte und nicht aus Berlin.

Erstaunlicherweise liefen die Geschäfte prächtig. Wir wurden zu einer Currywurstfamilie. Unser Leben drehte sich um Wurst, Ketchup, Curry, Pommes und Pul Biber, bei unseren Kunden als „Scharf" bekannt.

Alle hatten Mitspracherecht, wenn es darum ging, ob man zur Ergänzung Brause-Ufos oder Gummischlangen ins Programm aufnehmen sollte.

Meine Mutter war im Dauereinsatz und vergaß, wegen meiner Hausaufgaben herumzunörgeln. Auch, dass sie froh gewesen wäre, wenn sie so lange zur Schule hätte gehen dürfen wie ich, musste ich mir nicht mehr anhören. Manchmal wurden meine Schwester und ich zur Arbeit eingeteilt. Wir seufzten altersgemäß, aber insgeheim liebten wir es, im Wagen zu stehen, Würste zu braten, Pommes zu frittieren, Bierchen oder Cola auszuschenken und die Kasse zum Klingeln zu bringen. Vor der CuRRRybude waren wir nur Kinder gewesen, jetzt waren wir Mitarbeiter.

Ein wichtiger Kundenkreis waren die Schüler der nahe gelegenen Gesamtschule, was man an den Pausenbroten erkennen konnte, die bei uns im Müll landeten. Da mochten Mama oder Papa liebevoll ein Salamibrot in Butterbrotpapier gepackt haben, eine Portion Pommes für fünfzig Pfennig bei uns war leckerer.

Darum war die Meldung der Lokalzeitung, dass in der Kreisstadt nebenan ein McDonalds eröffnen würde, ein Schock für Aydin und Papa.

Denn noch cooler als Pommes von der CuRRRybude waren Cheeseburger, Schokoshake und Apfeltaschen aus Amerika – so gut kannten sie ihre Kundschaft.

Am Abend dieser Hiobsbotschaft herrschte in unserer kleinen Küche Weltuntergangsstimmung. Auf dem Tisch quoll der Aschenbecher über von hektisch gerauchten HBs, der Kühlschrank war geplündert und das Bier getrunken. Aydin und Papa jammerten und schimpften auf die ungerechte Welt, in der die Großen die Kleinen gnadenlos vernichteten.

Ich las den Artikel. Der Autor vertrat zwei Meinungen. Zum einen war es der Untergang des Abendlandes, wenn ein amerikanischer Konzern die europäische Esskultur vernichtete. Hamburger und Pommes waren ungesund und machten dick und führten dazu, dass man Ronald Reagan wählte und zu viel in den Fernseher glotzte. Aber man war auch geschmeichelt. Schließlich war damit unser Landkreis zu einem der Orte geworden, die Andy Warhol besuchen konnte. Der hatte gesagt, er reise grundsätzlich nicht in Städte ohne McDonalds.

„Weil die auch Presse kriegen und wir nicht! Das ist ungerecht!", sagte Papa und wischte sich mit dem Taschentuch den Schweiß von der Glatze.

„Warum berichten die nicht einmal von richtigen Ureinwohnern von Everswinkel, die es auch zu etwas gebracht haben?", fragte er Aydin.

„Ich bin in Çanakkale auf die Welt gekommen."

„Ja, nein, ist auch keine gute Idee."

Irgendwann, viele Schachteln HB und eine halbe Flasche Raki später, wurde die rettende Idee geboren. Es war halb drei Uhr in der Nacht. Ich sah in der Küche nach dem Rechten, wo die beiden Unternehmer zwei verschiedene Lieder sangen und noch verschiedener dazu tanzten.

„Greta, wir machen eine Currywurstolympiade. Aber mit drei R!", rief mein Vater begeistert.

„Currywurst hat immer drei R", antwortete ich.

„Dann mit vier R, du weißt, was ich meine!"

Der Plan war schlicht, aber doch elegant. Man würde ein Wettessen veranstalten. Jeder konnte teilnehmen, die Gebühr betrug zehn Mark. Man servierte reihum eine Currywurst nach der anderen und wer am Ende die meisten vernichtet hatte, gewann den Preis: Ein Jahr lang kostenloses Essen in der CuRRRybude! Das würde uns vorher und nachher Presse verschaffen. Jeder Everswinkler würde von uns erfahren.

„Das ist eine Schnapsidee", meinte meine Mutter am nächsten Morgen, doch ihre Meinung hatte deutlich an Autorität verloren, seit Papas letzte Idee ihre Agio-Filter-Tip-Zigarillos finanzierte.

Tatsächlich schien auch der neue Plan aufzugehen. Schon eine Woche später wurde der Currywurstolympiade eine ganze Seite in der Lokalzeitung eingeräumt, das Foto von Aydin, Papa und unserem CuRRRywurstmobil war sogar in Farbe. In den folgenden Tagen brummte das Geschäft und auf unserem Küchentisch stapelten sich die Anmeldungen. Was könnte schiefgehen?

Doch der Marketingerfolg entpuppte sich kaufmännisch zu einer Katastrophe. Die Teilnahmegebühr basierte auf der Rechnung, dass ein normaler Mensch nicht mehr als vier Currywürste essen konnte, und vier Mal zwofuffzig waren zehn Mark.

Irgendwo, hinter Eversweiler Waschbeton, lebte der größte Wurstvernichter Norddeutschlands. Eine biologische Anomalie. Ein Mensch gewordenes schwarzes Loch, aber auch ein wichtiger Stammkunde: Dieter. Der Dieter! Gegen ärztlichen Rat hatte er sich zur Olympiade angemeldet und gerade sein Training begonnen. Seine erste, lockere Übungsrunde umfasste acht Currywürste.

„Und dann hat er als Nachspeise noch ein Nogger bestellt!", weinte Papa in unserer Küche in den Aschenbecher.

„Ich sagte doch, das wäre keine gute Idee", meinte meine Mutter, als die Stille zu drückend wurde.

„Vielleicht hat Dieter einen Bandwurm?", schlug Aydin vor.

„Und? Was soll das bedeuten?", fragte Papa.

„Dann könnten wir ihn disqualifizieren! Ein Bandwurm, das wäre für Esser wie Steroide für Bodybuilder. Das wäre Doping, oder?"

Sollte Dieter gewinnen und sich ein Jahr nur von unseren Currywürsten ernähren, wären wir ruiniert. Dann würde er unsere Bude kaputtessen. Ich hatte eigentlich fragen wollen, ob ich in den Sommerferien mit Freunden zelten gehen könnte, aber nun kam ich mir selbstsüchtig vor.

Mir war zum Weinen und ich glaube, auch Aydin kämpfte mit den Tränen. Doch auf einmal fixierte mich Vater mit seinem Blick. In seinem Gehirn drehten sich Zahnrädchen, das war deutlich zu sehen.

Sein Gesicht erhellte sich, er deutete aufgeregt auf mich und rief: „Ich hab's! Du wirst es, Greta. Du wirst unser Champion! Du kannst Dieter besiegen. Du bist groß und dürr, da ist mehr als genug Platz für Currywürste!"

Ich blickte an mir herunter. Ich war 16 Jahre alt und nach meinem letzten Wachstumsschub vielleicht dünn, aber „dürr"? Das war nicht nett. Abgesehen davon war ich das genaue Gegenteil von Dieter. Uns gegeneinander antreten zu lassen, wäre, als würde man einen Sumoringer gegen eine Turnerin in den Ring schicken.

Meine Mutter ergriff meinen Arm, wir blickten in den Wahnsinn in Papas Augen und sagten unisono: „Das ist eine Schnapsidee!"

In den nächsten drei Wochen mussten meine Schwestern öfter als sonst in der CuRRRywurstbude arbeiten, denn Vater widmete sich meinem Training. Drei Wochen gab es für mich nur mittags feste Nahrung, drei Wochen gab es nur Currywurst. Wir erarbeiteten, dass man mehr essen kann, wenn man möglichst wenig kaut. Und dass Currysauce zu stark sättigt, „Scharf" aber der Verdauung hilft. Das beste Getränk für Olympioniken war Kaffee – auf keinen Fall Kohlensäure! Wichtig war für eine Kampfesserin auch die Konzentration, um die Nahrungszufuhr auf einem gleichbleibenden Niveau zu halten. Darum hörte ich Musik, Papa mischte mir eine eigene Currywurstolympiaden-Kassette, die ich auf dem Walkman hörte, während ich eine Wurst nach der anderen verschlang.

Man kann von diesen Trainingsmethoden halten, was man will, einige werden zurecht einwenden, dass es pädagogisch fragwürdig ist, seine Teenagerin mit Schweinefleisch, Kaffee und „Scharf" zu mästen, aber der Erfolg stellte sich ein: Gerade rechtzeitig, zwei Tage vor der Olympiade erreichte ich meine Bestmarke: Zehn Currywürste!

Der Tag des Schicksals war der heißeste Sommertag des Jahres 1988. Aydin und Papa hatten um die Bude zwölf Biertische im Kreis aufgebaut und mit Papiertischdecken bezogen. Darauf stand der Name der Teilnehmer notiert. Sie hatten mich neben Dieter gesetzt.

Um Punkt zwölf Uhr, High Noon, saßen 47 Wettkampfcurrywurstvernichter auf den Bänken und schwitzten angespannt der ersten Runde entgegen. Aydin und Papa grillten konzentriert, Mama und meine Schwestern standen bereit, die erste Runde auszuteilen. Sie hatten Filzschreiber dabei und malten für jede vernichtete Wurst einen Strich auf die Tischdecke. Ich war eine von sieben Frauen, die sich dem Wettbewerb gestellt hatten, wir wurden aber nicht beachtet, wenn die Blicke der Kombattanten abschätzend über die Konkurrenz schwenkten. In meinen Kopfhörern lief „We Are the Champions" von Queen.

Nach sechs Würsten hatte sich das Teilnehmerfeld halbiert, nach neun Würsten waren nur noch acht Currywurstolympioniken versammelt. Es war die Hitze, die Teilnehmern und Zuschauern gleichermaßen zusetzte.

Jetzt erst war ich Dieter aufgefallen: Das komische, dürre Mädchen, das nur „Scharf" orderte. Er hingegen hatte verkündet, dass ihm übel wurde von diesem „Türkenpfeffer", er verzichtete auch auf Currypulver: Ketchup pur.

Es wurde die elfte Wurst serviert. Nur Dieter und ich saßen noch auf der Bierbank. Die anderen Teilnehmer waren verschwunden, einige lagen hechelnd auf dem Boden. Die verbliebenen Zuschauer feuerten uns bei jedem Bissen an, es war klar, dass wir an den Grenzen der menschlichen Belastbarkeit arbeiteten und eine Entscheidung kurz bevorstand.

Bei der zwölften Wurst machte der Fotograf der Lokalzeitung ein Foto von uns beiden. „Solange ihr noch lächeln könnt!", meinte er. Und wir lächelten. Doch es kam mir vor, als könnte ich in den Mundwinkeln meines Gegners ein leichtes Zittern erahnen.

Bei Wurst Nummer dreizehn wurde allen offenbar, dass Dieter schwächelte. Ich musterte ihn. Sein Gesicht war voller Aknenarben, seine Hautfarbe gelblich wie die verräucherte Raufasertapete in unserer Küche.

Siegessicher lächelte ich ihn an. Doch in mir rumorte es. Die Mischung aus „Scharf", Schweinefleisch und zu viel Kaffee dehnte sich brodelnd in mir aus, bald würde ich dem Druck nachgeben müssen oder auf dem Wettkampfgelände explodieren. Das war Greta, würde man sagen. Halb Mensch, halb Currywurst.

Aber Dieter durfte nicht gewinnen. Das durfte nicht geschehen.

Ich liebte die CuRRRywurstbude! Ich mochte den Schreibfehler auf dem Imbisswagen, wie Aydin bei der Arbeit türkische Lieder sang, wie Papa jeden mit seinen Witzen zum Lachen brachte und dass er immer wusste, wem er welchen schon einmal erzählt hatte. Alles an Aydins und Papas Idee war richtig. Das war die richtige Art zu leben. Ich liebte die CuRRRywurstbude – es waren die Würste, die ich verabscheute.

Besonders Nummer vierzehn, die sich vor mir räkelte und dampfte, um mich zu verhöhnen. Fett quoll aus ihren Schnittwunden und weichte den Karton auf, weiße Speckflecken glänzten in der Sommersonne.

„Greta! Mit Sauce?", fragte meine Mutter, wie es unsere Regeln verlangten. Ich hörte ihre Worte nicht mehr, ich sah nur die Lippenbewegungen.

Ich sagte zum vierzehnten Mal: „Nein, danke" und blickte auffordernd zu Dieter.

Ihm lief der Schweiß in Strömen über den Körper, unter seinen Turnschuhen hatten sich Pfützen gebildet. Er winkte ab. Er zitterte. Mein Gegner war am Ende. Ich sah eine Lücke im Körperpanzer meines Gegners, die ich ausnutzen musste. Vielleicht hatte ich doch eine Chance.

„Mit scharf?", fragte Mama.

Dieter schüttelte heftig den Kopf.

Ich fasste neuen Mut. Während in meinem Kopfhörer „Gonna Fly Now" ertönte, der Song zu der Trainingscollage aus „Rocky", nahm ich den Streuer von Mamas Tablett und begann – ganz langsam – meine Wurst mit Pul Biber zu würzen. Mehr und mehr. Dieter sah hypnotisiert zu und wurde mit jedem Schütteln blasser.

Als die Wurst von „Scharf" begraben war, rieb ich mir die Hände, brummte „Mmh", als hätte ich Heißhunger und schob mir das erste Stück in den Mund. Genießerisch schloss ich dabei die Augen. Mir war sterbenselend, ein zweites Stück würde ich nicht überleben. Derjenige griechische Gott, der für Currywurstolympioniken verantwortlich war, musste mir jetzt beistehen!

Die Bank zitterte, der Tisch wurde von mir fortgeschoben – Dieter rannte zum nächsten Papierkorb und erbrach sich. Ich kämpfte gegen meinen Magen, der das auf einmal auch für eine gute Idee hielt, stand auf wackeligen Beinen, reckte die Arme in den Himmel – wie Rocky Balboa, als er vor dem Denkmal hüpft und ich feierte meinen ersten und letzten sportlichen Triumph. Ich war Siegerin! Ich, Greta, sechzehn Jahre alt, mit einem Kampfgewicht von 48,4 Kilogramm hatte unsere CuRRRybude gerettet! Und alles, was der Gott der Currywurstolympiaden von mir dafür als Opfer verlangt hatte, war meine Magenschleimhaut.

In der Nacht fuhr mich Papa in die Klinik und mir wurde der Magen ausgepumpt. Keine schöne Sache, trotzdem erleichternd. Meinen Preis habe ich natürlich nicht eingefordert, seit diesem Tag habe ich keine einzige Currywurst mehr gegessen.

McDonalds führte zu weniger Umsatzeinbußen als befürchtet. Ob das dem Marketing durch die Olympiade geschuldet war oder meinem Heldinnenopfer, lässt sich nicht nachweisen. Trotzdem wurde die Currywurst unmodern und Aydin und Papa konnten erst wieder gewinnbringend arbeiten, nachdem sie auf Döner Kebab umgestellt hatten. Dafür lackierten sie sogar das CuRRRybudenmobil um. „Das schärfste Kebab westlich von Istanbul" stand nun auf dem Lack, ohne Rechtschreibfehler. Es waren die Achtziger und man glaubte damals, Döner Kebab stamme aus der Türkei und nicht aus Berlin.

Als Andenken habe ich noch irgendwo die Urkunde, die mir Papa damals gemalt hatte. Aber ich hole sie nicht oft hervor. Für meine Nase riecht sie zu intensiv nach Currywurst mit zu viel „Scharf".

Kirschbonbonsammlung

Ich hockte auf dem Klo und glotzte in die andere Welt, als Maman an der Tür klopfte:

„Louis, hast du wieder was zum Lesen auf's Klo mitgenommen?"

Das durfte ich nicht. Aber das musste ich auch nicht. Ich starrte auf die braunen Fliesen auf dem Boden vor mir, bis ich in ihnen Wesen aus der anderen Welt sah. Direkt vor mir hockte ein Löwe und gähnte gelangweilt. Hinter ihm schwebte eine Qualle in der Luft und auf einer Kaktuswolke breitete ein riesiger Vogel seine Schwingen aus. Wesen einer verborgenen Welt, die nur ich sehen konnte. In den Badezimmerfliesen, in der Raufasertapete, in Teppichmustern, in Wolken oder in den Schlieren der Milch im Morgenkaffee.

„Louis, ist alles in Ordnung?" Sie klopfte noch einmal. „Wie lange willst du noch dahocken?"

Das Klo war mein Lieblingsraum in unserer Wohnung. Ich mochte mein Zimmer, natürlich, denn da waren alle meine Bücher. Und das Esszimmer mochte ich auch, denn Maman konnte ausgezeichnet kochen, mein Leibgericht war der Galettekuchen mit Pilzen und ganz viel Käse. Doch das Klo war der einzige Raum, den ich abschließen durfte. Der Ort, an dem ich alleine sein konnte.

„Ja, Maman, nichts Schlimmes, aber ich fühle mich heute so schwach!"

„Ach? Schwach fühlst du dich? Das tut mir leid. Aber trotzdem kommst du mit in die Kirche! Vielleicht stärken dich ja die Worte des Herren!"

Wie alle im Dorf ging auch unsere Familie an jedem Sonntag in die Kirche. Ich war schon mit acht vom rechten Glauben abgefallen, obwohl wir in Chattormont ein leibhaftiges Wunder Gottes ausgestellt hatten.

Vor zwanzig Jahren, im großen Krieg, hatte eine Bombe das Kirchendach durchschlagen, sich direkt vor der Statue der heiligen Therese in den Boden gebohrt und war nicht explodiert. Genau dort steckte sie noch immer. Der Bischof hatte verhindert, dass Paris Mineure zur Entschärfung schickte, denn es war ja Gottes Entscheidung gewesen, unsere Dorfkirche zu verschonen.

Es war eine Mutprobe für die Jungs des Dorfes, sich in die Kirche zu schleichen und gegen die Bombe zu klopfen, die – so hieß es – immer noch jederzeit in die Luft gehen könnte. Ich habe das nicht gemacht. Aber ich habe nie mit den Anderen gespielt, dafür war ich zu kränklich. Das hatte Maman verfügt. Ich persönlich glaubte nicht, dass die Bombe ein Wunder war, sondern nur ein sogenannter Blindgänger.

Davon gab es viele im Krieg, hatte Vater erzählt, denn die Zwangsarbeiter der Deutschen hätten die Bomben absichtlich falsch zusammengebaut.

Maman, Papa und ich hatten feste Plätze in der Kirche, vierte Reihe, ganz rechts. Alle Gottesdienste waren genau gleich langweilig. Es gab Begrüßungsworte, Gebete, Lieder, mehr Gebete, Lesungen aus dem Alten und dem Neuen Testament, eine Predigt, die Père Gilbert monoton vom Blatt ablas, dann mehr Lieder, Einsetzungszaubersprüche in Latein, noch mehr Lieder, noch mehr Gebete, die Neuigkeiten aus der Gemeinde und am Schluss einen Segen.

Es war eine Theateraufführung nach uraltem Drehbuch. Wie Marionetten erhoben und setzten wir uns, falteten die Hände, senkten die Häupter. Wir sangen und beteten und träumten vor uns hin.

Zwischen der ersten und der zweiten Lesung drehte sich Madame Bouchet zu mir um und lächelte mich an. Dann zauberte sie aus ihrer Handtasche ein rotes Bonbon und drückte es mir in die ausgestreckte Hand. Jeden Sonntag.

Madame Bouchet roch nach Lavendel und trug schwarz, ihr Gatte war im Krieg gefallen und sie trauerte immer noch. Ihr kurzes Haar war zu einem Helm frisiert, aber so dünn, dass man darunter die Kopfhaut sehen konnte.

Ihr Gesicht war kantig und ihre Augen nicht auf gleicher Höhe. Wenn sie mir ihre sehnige Hand mit dem Bonbon entgegenstreckte, musste ich mich für ein Auge entscheiden, in das ich lächelte, während ich mich bedankte. Ihr Mund war traurig, aber in diesem Moment lächelte sie so breit, dass man ihr ganzes Gebiss sehen konnte, in dem so viele Zähne fehlten.

Maman nickte mir zu und ich steckte das Bonbon schnell in die Hosentasche.

Am Ende defilierte die Gemeinde an Père Gilbert vorbei, der jedem die Hand reichte und ein paar Worte sprach. Die Frömmsten kommentierten die Predigt, die Sünder lächelten unsicher. Maman war fromm, ich war ein Sünder, denn ich hatte den Gottesdienst in der anderen Welt verbracht. Eine halbe Stunde stand das Dorf an der schmalen Tür Schlange, das große Hauptportal mit den zwei Torflügeln war immer verschlossen.

Wenn wir endlich daheim waren, ging ich in mein Zimmer und legte das Bonbon zu den anderen in meiner Nachttischschublade. Würde ich es essen, bekäme ich Ausschlag und mir würde schlecht. Ich war gegen den roten Farbstoff allergisch.

„Dick, blind wie ein Maulwurf und nun auch noch Allergiker!", meinte meine Mutter, als Doktor Garnier uns das erklärte, „Mein Gott, warum hast du uns nur so bestraft!"

Damals kämpfte ich mit den Tränen, aber ich fand die Frage berechtigt. Warum hat Gott uns bestraft? Warum bestraft er Menschen überhaupt? Wenn er so voller Liebe und Vergebung ist, wie der Pfarrer meinte, warum führte er dann ein Buch über unsere schlechten und guten Werke, wie Maman meinte?

Am Sonntag nach der Diagnose trug ich ein langärmeliges Hemd in die Kirche, damit man den Ausschlag nicht sehen konnte. Ich wollte Madame Bouchet erklären, dass ich ihre Bonbons leider nicht essen konnte, doch Maman war strikt dagegen.

„Die alte Bouchet hat niemanden mehr. Ihr Mann ist tot, ihre Kinder wohnen in Paris und kommen sie niemals besuchen. Weil sie eine Kollaborateurin war, ist jeder im Dorf unfreundlich zu ihr. Dir jeden Sonntag ein Bonbon zu schenken, ist eine der wenigen Freuden, die ihr geblieben sind. Du wirst das Bonbon nehmen und dich brav bedanken und lachen, gerade so, als würdest du dich wirklich freuen – das ist dann deine gute Tat für den Sonntag!"

Das war das nächste Problem mit Gott: Seine Regeln waren kompliziert. Da ließ er Moses auf dem Berg aufschreiben, man dürfe nicht lügen, doch wenn ich Madame Bouchet im Glauben ließ, dass ihre Bonbons für mich eine Freude waren, dann war das eine gute Tat.

Ich verbrachte also meine Sonntage weiter im Gottesdienst und glotzte auf Madame Bouchets Hinterkopf, denn in den Altersflecken ihrer Kopfhaut war auch ein Zugang zu der anderen Welt.

Irgendwann drehte sie sich um:

„Bonjour, Louis, geht es dir gut?"

„Bonjour, Madame Bouchet. Mir geht es gut. Und Ihnen?"

„Auch sehr gut, danke der Nachfrage. Warte, Kleiner, ich habe etwas für dich!"

Meine Nachttischschublade füllte sich mit Bonbons, bis Madame Bouchets Platz vor mir eines Tages leer blieb. Erst dann erzählte mir Maman, dass der Herr sie zu sich genommen hatte und dass es ihr im Himmel jetzt viel besser gehen würde. Da wäre sie wieder eine junge, attraktive Frau und mit ihrem geliebten Mann vereint. Sie würde wieder ihre bunten Kleider tragen mit den Streurosenmustern und nicht mehr nur schwarz, alle ihre Sünden wären ihr vergeben und die anderen Menschen im Himmel würden ihr mit Höflichkeit und Respekt begegnen. Denn in ihrem Herzen war sie eine gute Christin gewesen, sagte Maman und ließ mich für Madame Bouchet beten.

Ich faltete brav die Hände.

„Danke, lieber Gott, dass du Madame Bouchet zu dir genommen hast", betete ich. „Sie war immer nett zu mir. Bitte erzähle ihr nicht, dass ich ihre Kirschbonbons niemals gegessen habe, denn ich habe nur gelogen, weil das eine gute Tat war. Mach', dass sie jetzt im ewigen Leben besser lebt als in den zwanzig Jahren, seitdem ihr Mann gestorben ist. Ich weiß, du hast sie sicher für etwas bestraft, so wie du mich bestraft hast, aber ich glaube, sie wusste nicht für was, so wie ich das ja auch nicht weiß. Ich hoffe, sie muss jetzt nie mehr traurig sein. Amen."

Maman nickte, streichelte mir über den Kopf und verließ mein Zimmer wieder. Ich öffnete die Schublade und blickte auf meine Kirschbonbonsammlung. Ich legte sie in Zehnerreihen aus, wie Spielzeugsoldaten, und zählte sie ab. 134 Bonbons lagen vor mir. 135 Mal hatte sich Madame Bouchet zu mir umgedreht und mich gefragt, wie es mir ginge

Ich hatte das Gefühl, dass mein Gebet bei weitem nicht genug war. Es musste noch etwas anderes geben, dass ich für sie tun konnte.

Schließlich hatte ich sie 134 Mal angelogen, obwohl sie mir eine Freude machen wollte. Wahrscheinlich hatte Maman nicht recht und meine Höflichkeitslüge war keine gute Tat, sondern eine Sünde.

Sünden muss man sühnen. Ich untersuchte die Bonbons und ordnete sie nach ihrem Alter. Während sich das Frischeste ganz einfach vom Papier lösen ließ, klebten die Älteren hartnäckig daran.

Die wirklich Alten wiederum lösten sich beim Öffnen auf – mit denen fing ich an.

Ich knabberte sie vom Papier, indem ich meine Zähne als Beißzange benutzte. Stück für Stück lutschte und kaute ich mich durch die Armee der Bonbons, um meine Sünde zu büßen, egal, was die Allergie mit mir anrichten würde.

Nach nicht einmal fünfzig Stück wurde mir so elend, dass ich mich in den Papierkorb erleichtern musste.

Das hörte Maman und kam in mein Zimmer geeilt.

„Was hast du jetzt wieder angestellt? Hast du die ganzen Bonbons gegessen? Was hast du mir nur wieder angetan? Willst du dich etwa umbringen, Louis? Hast du das in einem deiner Romane gelesen? Du und dein Vater – ihr bringt mich noch ins Grab!"

Sie nahm mich am Arm, ich durfte nicht einmal Schuhe anziehen und wir liefen schnell zu Doktor Garnier, der mich tadelte und mir etwas spritzte. Es bestünde kein Grund, sich zu große Sorgen zu machen, meinte er, man müsse das nun beobachten, die größte Gefahr sei erst einmal gebannt.

Schon am Abend war mein ganzer Körper mit Pusteln übersät, doch das war in Ordnung, das war ja meine Sühne. Weil Maman mir nicht mehr von der Seite wich, um mich zu beobachten, wie von Doktor Garnier aufgetragen, zog ich mich ins Klo zurück.

Dort knöpfte ich mein Hemd auf, kletterte auf die Schachtel mit dem Schuhputzzeug und betrachtete mich prüfend im Spiegel. Der ganze Oberkörper war weiß und rot gemustert, es war ein Zugang zur anderen Welt, das erkannte ich sofort.
Ich blickte auf meinen Ausschlag und da sah ich sie.
Die Pusteln auf mir hatten ihr Bild auf meine Brust gezeichnet. Ich roch Lavendel. Da war Madame Bouchet, ein Auge tiefer als das andere und sie lächelte mich so breit an, wie nur sie das konnte, und ich sah alle ihre Zähne und es fehlte kein Einziger! Sie schickte mir aus dem Paradies einen Gruß. Mein Opfer war angenommen.
Es klopfte:
„Louis, hast du wieder was zum Lesen mit auf's Klo genommen?"
„Nein, Maman, ich komme gleich!"

Chef der Cowboys

Die Erwachsenen sind aufgeregt. Sie sitzen zusammen und reden und rauchen und schimpfen. Ganz viel Geschimpfe! Aber nicht wegen einem Kind oder einem Mann oder einer Frau oder weil unsere Vorräte wieder verschimmelt sind. Nein, dieses Mal hat keiner von den Höfen schuld. Schuld haben die Scheiß-Amerikaner! Die Cowboys, wie meine Mammi sie nennt.

Sie werden den Dritten Weltkrieg beginnen und das wäre das Ende der Welt.

Nicht nur von den Höfen oder vom Dorf oder von ganz Deutschland, sondern von allen Höfen und allen Dörfern und allen Ländern. Alles kaputt, alle tot ...

Ich verstehe das nicht. Wer möchte denn, dass die ganze Welt kaputt geht? Das wäre doch furchtbar traurig, oder? Die ganzen Bäume und das Gras und das Moos – ich mag Moos viel lieber als Gras. Und auch die Tiere! Unsere Hunde und Katzen und die Eichhörnchen, aber Eichhörnchen mag ich nicht mehr, seit mich eines gebissen hat.

Krieg ist das Schlimmste von der Welt, das Böseste, was es gibt. Die Erwachsenen regen sich furchtbar auf.

„Du, Eva, wer will denn den Krieg?", frage ich meine Mammi ganz leise. „Das ist doch blöd!"

Während die anderen weiterschimpfen, steht Mammi auf und nimmt mich bei der Hand. Wir gehen in den Flur. Sie kniet sich vor mich, hält mich an den Schultern und auf einmal wird sie ganz ernst.

„Hope Lehmann, pass genau auf, was ich dir sage", erklärt sie. „Es macht uns Erwachsene ganz krank, aber es gibt auf der Welt Männer, die wirklich, wirklich böse sind und alles kaputtmachen wollen!"

Mammi hat Tränen in den Augen und das macht mir mehr Angst als ihre Worte. Ich muss selber fast heulen, weil es so schlimme Männer gibt.

„So wie der Teufel?", flüstere ich.

„Hope, den Teufel gibt es nicht. Aber es gibt Ronald Reagan. Die Cowboys wählen und wenn sie Ronald Reagan zu ihrem Chef machen, dann brennt die Welt!"

Wenn Mammi „Cowboy" sagt, dann kuckt sie böse. Sie sagt nie Amerikaner, sie sagt immer nur „Cowboy". Vielleicht, weil mein Pappa ein Amerikaner ist, aber der ist nicht mehr da, sondern wieder in Amerika.

Jedenfalls sagen das die anderen Kinder. Vor allem der doofe Tim. Als ich ihn gehauen habe, hat er geweint.

„Frag' halt meine Mama!", hat er gerufen. „Ich lüge nicht!"

Also habe ich Martina gefragt, so heißt die doofe Mama vom doofen Tim. Und die hat nicht geantwortet, sondern nachgedacht und so gekuckt, als wäre ich ein krankes Tier oder so. Und dann hat sie nur gesagt: „Hope ..."

Da habe ich gewusst, dass der doofe Tim recht hat und mein Pappa ein Cowboy ist und wieder nach Amerika gegangen ist, weil er mich nicht lieb hat. Und wer nach Hause geht, obwohl er ein Baby hat, der ist kein guter Mensch. Also sind wahrscheinlich alle Amerikaner keine guten Menschen. Hier bei uns, in den Höfen, mag keiner die Amerikaner.

Weil die in Vietnam so viele Kinder und Frauen und auch Männer verbrannt haben, bloß, weil die eine andere Hautfarbe hatten.

Das muss man sich einmal vorstellen! Das ist doch echt böse, oder? Ich war einmal in der Stadt, da wohnen Omma und Oppa, da waren alle Menschen verkleidet. Ich auch.

Als Clown. Da hatte ich ganz weiße Haut, aber niemand wollte mich verbrennen – alle haben gelacht, wenn sie mich gesehen haben! Ehrlich!

Wenn die Cowboys einen Chef wählen und wenn der Chef noch böser ist, als sie eh schon sind, dann muss ja die Welt untergehen.

Das kann ich schon verstehen. Das klingt, als wäre es die Wahrheit, finde ich.

In den Höfen gibt es zwei Jungs, die heißen Nico und Lennon. Manchmal, beim Spielen, da machen die mit den Fingern eine Pistole. Das geht so: Man macht eine Faust, aber nicht der Daumen und nicht der Zeigefinger. Und dann schleichen sie durch den Wald und wenn sie sich sehen, dann zeigen sie mit den Pistolen aufeinander und sagen: „Peng!" Und dann muss der andere umfallen und so tun, als ob er tot wäre.

Wir anderen Kinder haben nur zugeschaut, denn das ist total verboten bei uns! Aber es war so spannend! Wenn Nico und Lennon dabei erwischt werden, wie sie eine Pistolenfaust machen, dann werden sie in den Kreis gestellt und alle Erwachsenen schimpfen mit ihnen, bis sie weinen müssen.

Weil, wenn die Kinder totmachen spielen, sagen die Erwachsenen, dann werden sie, wenn sie selber Erwachsene sind, mal Nazis. Und Nazis sind noch viel schlimmer als Cowboys! Schlimmer als die Teufel!

Ich habe auch schon Pistolenfäuste gemacht. Heimlich. Unter der Bettdecke. Hat sich eigentlich ganz normal angefühlt. Gar nicht gefährlich. Da kommt ja nicht wirklich was aus dem Finger plötzlich! Das glauben ja nicht einmal die Kälber!

Die Erwachsenen schimpfen jedenfalls den ganzen Abend weiter. Aber das tun sie manchmal. Denn der Springer ist ein böser Mann und der Strauß auch. Es gibt also immer was zum Schimpfen.

Als der Ronald Reagan dann wirklich der Chef von den Cowboys wird, da habe ich richtig gemerkt, dass das die Erwachsenen krank macht. Die waren ganz doll traurig!

Aber, kann man verstehen, wenn der Dritte Weltkrieg kommt. Krieg ist böse. Und dann die Eichhörnchen und das Moos und alle Höfe und Dörfer und alle Länder, die dann verbrennen – da würdest du auch nicht lachen, oder?

„Jetzt ist es bald soweit!", sagen die Erwachsenen. Und wir Kinder malen uns aus, wie das wird. Ob dann die Cowboys und die Nazis und die Teufel kommen und alle erschießen? Vielleicht sogar Nico und Lennon zuerst, wegen der Pistolenfäuste?

Vielleicht hat ja auch Zora recht, die ist schon acht. Die sagt, das geht ganz schnell. Da kommen die Bomben von den Cowboys und das merkt man gar nicht. Da wird auf einmal alles hell wie die Sonne und dann kuckt man noch komisch, weil es so hell ist und schon ist man verbrannt! Da hört man nicht einmal, dass die Bombe explodiert, sagt die Zora.

Wir haben viel Angst gehabt. Die Erwachsenen waren lange krank, bis sie wieder gesund waren. Mindestens fünf Tage oder sogar sechs dauerte das, bis alles wieder ganz genauso war wie vorher.

Da war ich echt froh! Und ich habe seitdem nie, nie mehr eine Pistolenfaust gemacht, nicht einmal heimlich unter der Bettdecke.

Ehrlich! Großes Ehrenwort!

Klopp, Klopp und Klopp

Papa hat eine geile Idee. Hat er geschrieben, auf WhatsApp. Seine erste Nachricht seit „Happy New Year, Großer!" und „Happy New Year, Großer!" vom Jahr davor. „Ich hab eine geile Idee. Komm bald vorbei!", steht da.

Leichter gesagt als getan. Ich muss erst Carac nach der Adresse fragen, mir ein Auto leihen und mir einen Tag freinehmen. Viele Gefallen habe ich bei meinem Boss nicht mehr gut.

Papa sagt, er wohnt in der Nähe von Berlin. Ich sage, er wohnt in Templin, das ist ungefähr siebzig Kilometer nördlich, tief in der Uckermark. Mama sagt, seine Bruchbude hat zwanzigtausend Euro gekostet und dass sie keinen Schimmer hat, wie er an so viel Geld gekommen ist.

Ich fahre eineinhalb Stunden und parke direkt vor der Haustür. „Klopp" steht mit Edding auf das Klingelschild gekritzelt. Die Klingel klingelt nicht. Ich klopfe. Keine Reaktion.

Also gehe ich einfach rein und stehe sofort im Wohn-, Schlaf- und Esszimmer. Der Tisch liegt voller Bücher, Zeitungen, schmutzigem Geschirr und leeren Bierflaschen. Ein Wanderschuh ist an einer Ecke mit einer Schraubzwinge festgeklemmt. Alles ist voller Tabakbrösel und Asche.

Es gibt eine schmuddelige Couch, eine dieser Neun-Euro-Papierlampen von Ikea und ein Regal, das mit Taschenbüchern vollgestopft ist. Der Teppich war wahrscheinlich einmal ein Flokati, bevor er zu einem Brett verfilzt ist.

Würde man einen Film über eine WG der Achtziger drehen, müsste man hier nichts entfernen, weil es zu modern ist, selbst die Poster an den Wänden passen.

An der Küchentür hängt in einem Rahmen ein Stickdeckchen, auf dem in Frakturschrift steht „Keine Macht für Niemand".

Die Tür in den Innenhof ist geöffnet. Ich höre Gitarrenmusik.

Papa hockt im Schuppen. Die Wände sind mit Eierkartons beklebt, der Boden liegt voller Kabel. Auf einem

Tapetentisch stehen, neben einer vertrockneten Tiefkühlpizza, ein PC und ein Laptop. Der Verstärker ist so groß wie ein Kühlschrank und jemand hat das Peace-Logo auf den Basslautsprecher gesprüht.

Er entdeckt mich.

„Hallo Yardbird! Schön, dass du gekommen bist", sagt er, verlässt seinen Barhocker und drückt mich gegen seinen Bierbauch.

Er riecht nach Schweiß und Dope. Seine kleinen Augen werden durch die Brille riesenhaft vergrößert.

Immer noch hat er volles, langes Haar, während ich mit meinen Geheimratsecken kämpfe, seit ich vierundzwanzig geworden bin.

„Setz dich, setz dich! Willst du einen Kaffee?", fragt er.

„Gerne. Hast Du denn einen, den man trinken kann?"

„Sicher, sicher. Milch, Zucker?"

„Nein danke."

„Hier, kuck. Ist Nescafé Gold. Klassiker. Immer noch der Beste."

„Gut, in dem Fall nehme ich doch Milch und Zucker."

„Oh. Das ist blöd. Hab' ich nicht. Sorry!"

Seit ich Papa das letzte Mal gesehen habe, hat er sich einen Ziegenbart stehen lassen, der genauso schlohweiß ist wie sein Haupthaar. Er trägt eine lila Strickjacke, die Ärmel fransen aus. Seine Yogahose ist grau und an den Füßen trägt er Jesus-Sandalen. Ich überschlage sein Alter im Kopf und errechne 72.

„Papa, bist Du schon 72?", frage ich.

„Ich? 72? Im Ernst? Lass mal nachrechnen ... Hm ... Jepp. Bin 72. Aber ich habe mich gut gehalten, oder?"

Der Wasserkocher piepst, er gießt den Kaffee auf. Er hat eine Smileytasse, auf meiner ist das Batmanlogo vom Tim-Burton-Batman.

Ich setze mich auf einen Barhocker, er nimmt seine Gitarre auf den Schoß und setzt sich auf den anderen.

„So, was ist denn deine geile Idee?", frage ich.

„Ja nun. Ich dachte mir, ich könnte mehr Zeit mit meinen Jungs verbringen. Wir sehen uns ja nicht so oft, seit ich hier wohne."

„Also seit fünfzehn Jahren."

„Sind das schon fünfzehn Jahre? Wie die Zeit vergeht, oder? Auf jeden Fall dachte ich mir, wahrscheinlich ist der Apfel nicht weit vom Stamm gefallen und ihr habt meine Leidenschaft geerbt!"

„Welche Leidenschaft meinst du denn? Kiffen oder Armut?"

„Sehr witzig. Ich meine die Musik. Ich bin Vollblutmusiker, schon immer gewesen!" Papa richtet sich auf seinem Hocker auf. „Ich bin mit der besten Musik aller Zeiten groß geworden und stolz darauf, schon mit Reiner Bauer von ‚Amon Düül' und Bruno Frenzel von ‚Birth Control' gespielt zu haben."

„Ja, ja, ich weiß. Aber die kennt heute kein Mensch mehr. Man nennt das ‚Krautrock' und alle Deutschen schämen sich dafür. Geblieben sind nur die ‚Scorpions' und die sind keine Rebellen. Die haben den niedersächsischen Staatspreis."

Ich sehe, dass ihn mein Zynismus verletzt. Er kann kucken wie ein kleiner Junge, dem man die Zwille abgenommen hat. Aber vielleicht ist das auch nur seine Masche.

Wahrscheinlich sollte ich Mitleid empfinden, aber da ist nur abgestandener Zorn in mir.

„Mann, du bist ja negativ. So habe ich dich nicht erzogen, Yardbird!", sagt er.

„Du hast mich überhaupt nicht erzogen, Papa. Das war Mama. Du bist gegangen, da war ich noch nicht drei und Carac war acht Monate alt. Und ich heiße nicht mehr Yardbird, das weißt du auch."

„So bist du getauft, daran kannst du nichts ändern!"

„Aber ich habe meinen Rufnamen geändert, als ich achtzehn war. Alle kennen mich nur unter meinem anderen Namen. Und du solltest das auch respektieren."

„Jawohl, Herr Johann! ‚Johann'! Das klingt wie der Name von einem Opa. Keine Ahnung, warum du das besser findest als Yardbird."

„Das ist ja auch der Name von Opa gewesen. Von Mamas Vater. Und alles ist besser als Yardbird", sage ich, ein wenig zu laut. Diesen Dialog haben wir schon so oft aufgeführt, dass er ein Ritual geworden ist. Ich möchte ablenken und frage:

„Was ist denn deine geile Idee?"

„Aha, doch neugierig geworden, was? Also, ganz kurz erklärt ist meine geile Idee: ‚Klopp, Klopp, Klopp'! Wie findste das?"

„Bescheuert. Was soll das denn sein? Unsere Anwaltskanzlei? Oder willst du wieder eine Imbissbude eröffnen oder eine Musikschule, hier in Alt Bach, oder wie das Kaff heißt."

„Alt Placht."

„Von mir aus. Was soll das mit dem ‚Klopp, Klopp, Klopp'?"

„So heißt unsere Band. Ich, du und dein Bruder. Carac hat schon zugesagt. Er spielt Schlagzeug. Und du spielst Bass."

„So ein Unsinn. Ich kann nicht einmal richtig Gitarre spielen. Nur, was du uns in den Ferien beigebracht hast. Ich habe noch nie Bass gespielt."

„Das ist ganz einfach. Das lernst du beim Üben. Wirklich, kein Problem. Wir fangen mit den Klassikern an. Mit ganz simplen Sachen. ‚Octopus's Garden', das ist eine Kindermelodie. Und dann gehen wir zu den guten Sachen über, bis wir bei ‚Zep' rauskommen."

„Okay, du willst also eine Led-Zeppelin-Coverband gründen und sie ‚Klopp, Klopp, Klopp' nennen?"

„Genau. Oder vielleicht ‚Klopp, Klopp und Klopp'. Das klingt noch besser, oder?"

„Kein bisschen. Und warum das Ganze? Willst du in Altersheimen auftreten? Da kommt ‚Stairway to Heaven' sicher prima an – die haben da ja schon ein paar Stufen genommen."

Papa schaut mich an, als wäre ich ein Dreijähriger, der im Supermarkt einen Tobsuchtsanfall bekommt, weil er kein Überraschungsei kriegt. Er schüttelt müde den Kopf und sieht plötzlich ganz alt aus.

„Das ist ein Kindheitstraum von mir, Johann."

„Das ist dein Kindheitstraum? Ach? Das ist ja drollig. Du hast dir also als Kind gedacht: Wenn ich erwachsen bin, dann zeuge ich zwei Kinder und wenn mein Hippieleben zu sehr gestört wird, verschwinde ich einfach komplett aus deren Leben und zahle auch keinen Pfennig Unterhalt. Dann, schnell vorgespult, wenn ich schon Hörgeräte brauche und eine Brille mit drei Dioptrin, nehme ich meine Söhne – beide auch schon alte Männer – und spiele mit ihnen die Songs einer Band, die bekannt dafür ist, dass sie minderjährige Groupies eingesperrt und vergewaltigt hat. Und damit ist mein Lebensziel erreicht. Gratuliere! Schön ausgedacht. ‚Klopp, Klopp und Klopp!'. Nein, echt nicht. Ohne mich. Auf keinen Fall mache ich da mit!"

Wir glotzen uns an wie zwei Goldfische in zwei Gläsern. Ich schäme mich wegen meines Wutausbruchs und kucke in meinen Nescafé Gold. Der Klassiker. Ich habe ihn nicht einmal probiert.

„Na, dann halt nicht"

Er stellt seinen Kaffee auf den Boden und beginnt auf seiner Gitarre zu spielen. Klingt wie „Ramble On" von den Zeppelins. Dann hält er kurz inne, schaut mich an und kuckt wieder wie ein Junge.

„Sag' mal, Johann, meinst du, du könntest mir mit einem Fuffie aushelfen? Ich bin ein bisschen knapp dran diesen Monat. Mir haben zwei Schüler abgesagt."

Ich sage: „Klar, kein Problem" und fische nach meinem Geldbeutel.

„Vielleicht auch hundert, wenn das geht?"

„Mach's gut, Papa", sage ich.

„Mach's gut, Großer!", sagt er und beginnt wieder zu spielen. Dieses Mal ist es, glaube ich, „Heartbreaker", aber ich bin mir nicht ganz sicher. In der Tür drehe ich mich um, weil ich mich für meinen Zornausbruch entschuldigen will.

Aber dann sehe ich ihm nur zu.

Er ist ganz bei sich und bei der Musik. In seinem Kopf sieht er das Konzert vor sich, das sein Leben verändert hat. Ich kenne die Legende.

Es war am 7. Juli 1980, Berliner Eissporthalle. Das letzte Konzert der Zeppelins für 27 Jahre. Am 25. September wird man John Bonham, den Drummer, tot in seiner Wohnung finden, erstickt an seinem eigenen Erbrochenen, weil er sich zu schnell ins Koma gesoffen hatte.

Ich schaue auf meinen Vater, wie er in seiner Musik verschwindet. Er ist 28 Jahre alt, seine Haare schwarz, lockig und schulterlang. Er hat einen Schnurrbart und an jedem Finger einen Ring. Keiner in Moabit kann Jimmy Page so perfekt nachspielen wie er, er kann sich seine Band aus den besten Musikern Westberlins zusammensuchen.

Ihre Konzerte sind ausverkauft. Klar, ist nur das Ballhaus Spandau, aber immerhin. Wie Jimmy hat er nun auch Groupies, die aber Namen wie Renate, Birgit oder Stefanie haben. Man nennt sich „Zeppelin Experience", mietet ein Studio und nimmt in zwölf Minuten ein Demotape auf, das man an die Radiosender verteilt.

Dieser Band stehe eine große Zukunft bevor, hat der amerikanische Moderator bei AFN ins Mikro gesprochen, aber ihren Song nur 90 Sekunden angespielt. Ich habe die Kassette mit der Aufnahme als Kind ein Dutzend Mal gehört, bevor der Rekorder sie aufgefressen hat.

Ich stehe in der Tür und will zu dem jungen Mann, den ich spielen höre, sagen: „Okay, Papa, ich habe mich geirrt. Ich will unbedingt in deiner Band mit dem bekloppten Namen mitmachen! Wo ist der Bass?"

Aber ich halte den Mund und verlasse den Schuppen.

Doch, jetzt bin ich mir sicher: Es ist ‚Heartbreaker', was er da spielt.

Die Feldflasche

Er: Therese, komm mal her! Die Kinder haben gefragt, wie wir uns kennengelernt haben.

Sie: Ach, wirklich? Ihr wollt wissen, wie eure Urgroßeltern sich kennengelernt haben? So eine alte, langweilige Geschichte?

Er: Das ist schon so lange her, das könnt ihr euch wahrscheinlich gar nicht vorstellen.

Sie: Das sind ... Moment ... Was für ein Jahr haben wir?

Er: Zweitausendvierzehn?

Sie: Unsinn, ich glaube, wir haben jetzt zweitausendneunzehn.

Er: Das kann nicht sein. Dann werde ich ja dieses Jahr achtundachtzig.

Sie: Genau! Wir werden dieses Jahr achtundachtzig.

Er: Unmöglich. Ich fühle mich höchstens wie achtundsiebzig.

Sie: Du fühlst dich in Wirklichkeit doch immer noch wie zehn! Du bist ein kleiner Junge im Körper eines alten Mannes.

Er: Pah! Du hast dich auch nicht so großartig verändert seit fünfundvierzig.

Sie: Na, das nehme ich als Kompliment. Denn es ist so, Kinder, wir kennen uns seit neunzehnhundertfünfundvierzig. Da war euer Urgroßvater vierzehn und ich auch.

Er: Haben wir schon beschlossen, ob wir das feiern wollen?

Sie: Ich glaub' nicht, dass wir das schon entschieden haben. Aber lass' uns erstmal die Geschichte erzählen. Denn eines muss gleich gesagt sein: Am Anfang hat euer Uropa mich nicht ausstehen können.

Er: Du warst rotzfrech!

Sie: Du warst überheblich

Er: Weißt du was, Schatz, das müssen wir erstmal erklären.

Sie: Du hast recht. Flüchtlinge kommen heute ja nicht mehr aus Schlesien.

Er: Als wir beide gerade in die Schule gekommen sind, da begann in Deutschland ein furchtbarer Krieg.

Sie: Deutschland hat Polen den Krieg erklärt, das ist vielleicht wichtig zu sagen.

Er: Stimmt. In den ersten vier Jahren haben wir vom Krieg nichts mitbekommen in unserer kleinen Stadt.

Sie: Wir in Schlesien schon. Es war eine schlimme Zeit.

Er: Der Krieg war sehr, sehr schlecht für alle Menschen in Europa.

Sie: Ganz viele Menschen mussten sterben.

Er: Der Krieg war auch ganz schlecht für Deutschland. Wir haben ihn verloren, wisst ihr?

Sie: Gott sei Dank, muss man sagen.

Er: Ja, Gott sei Dank, denn die Regierung der Deutschen war keine gute Regierung. Das könnt ihr euch ja denken. Eine gute Regierung fängt keinen Krieg an.

Sie: Mein Vater ist damals gestorben.

Er: Es war wirklich eine schlimme Zeit. Eine Zeit ohne Farbe. Wie auf den Fotos von damals. Aber, Therese, vielleicht sollten wir nicht so viel vom Krieg erzählen. Du weißt doch, wie unsere Kinder bei dem Thema immer die Augen verdreht haben.

Sie: Aber unsere Urenkel interessiert das.

Er: Lass' es mich trotzdem noch einmal anders versuchen. Wollt ihr wissen, warum wir zwei uns kennengelernt haben?

Sie: Das würde mich auch sehr interessieren!

Er: Wir haben uns kennengelernt wegen drei ... nein, wegen vier Zufällen. Und ein Zufall hatte sogar einen Namen!

Sie: Na, da bin ich ja gespannt!

Er: Der erste Zufall war, dass mein Vater nicht gestorben ist im Krieg, sondern zurückkam nach Quakenbrück.

Sie: Das ist ein Riesenglück gewesen. Nicht viele kleine Jungs hatten damals noch einen Vater.

Er: Und dann war es so, dass am Karsamstag 1944 viele Flugzeuge kamen und ganz viele Bomben abgeworfen haben. Die meisten Häuser in unserer Straße sind kaputt gegangen.

Im ganzen Viertel eigentlich. Aber – und das ist der zweite Zufall – unser Haus blieb stehen.

Sie: Das stimmt. Das war wie ein Wunder. Das Haus links davon war in Trümmern und das rechts davon auch.

Er: Ja, und der dritte Zufall war, dass Tante Agnes und du zu uns gekommen seid.

Sie: Stimmt. Wobei die Tante Agnes, also meine Mutter, nicht deine echte Tante war. Das haben wir damals nur so gesagt. Sonst wären euer Uropa und ich ja Base und Vetter!

Er: Schatz, du verwirrst unser Publikum. Die wissen nicht, was Vetter und Base bedeutet. Was eure Uroma sagen will: Wir sind nicht Cousine und Cousin.

Sie: Meine Mutter und ich und mein kleiner Bruder, wir haben vor dem Krieg in Schlesien gewohnt. Das ist in Polen. Am Ende des Krieges mussten wir fliehen. Wir waren also Flüchtlinge.

Er: Damals gab es ganz, ganz viele Menschen, die flüchten mussten. Und weil so viele Häuser kaputt waren, mussten die zu anderen Familien ziehen, die noch eine Wohnung hatten. So wie wir. Meine Mama und mein Papa und ich, wir hatten eine kleine Wohnung, die noch ganz war. Ein Wohnzimmer und ein Schlafzimmer und eine Küche und ein kleines Kinderzimmer.

Sie: Und dann musstet ihr uns aufnehmen.

Er: Das fand ich nicht toll.

Sie: Das fandest du furchtbar!

Er: Ich wollte mein Zimmer, meine Mama und meinen Papa für mich alleine. Aber das hab' ich nicht gesagt, weil ich ja schon dreizehn war.

Sie: Das hat man aber auch so gemerkt. Du hast kein Wort mit mir geredet. Aber wolltest du nicht von einem Zufall erzählen, der einen Namen hat?

Er: Du weißt, was ich meine, oder?

Sie: Natürlich.

Er: Womit soll ich denn anfangen?

Sie: Fang' doch bei eurer doofen Bande an.

Er: Die war nicht doof!

Sie: Und wie doof die war!

Er: Na, das werden die Kinder ja gleich selber entscheiden können, oder?

Sie: Dann erzähl'.

Er: Ich war in einer Bande, müsst ihr wissen. Wir waren sechs Kinder aus unserer Straße, die immer alles gemeinsam gemacht haben. Da war ich und der Nick, der hieß eigentlich Nikolaus – lustiger Name, oder? Und dann war da noch der Petz. Der hieß eigentlich Stefan und der Jupp, der hieß eigentlich Josef.

Und es gab noch Gabi, das war die große Schwester von Petz und deren Freundin, die hieß Annegret, aber wir sagten natürlich Gretl.

Sie: Und mich nannten die verwöhnten Gören ‚Theretzki'. Das sollte Therese auf Polnisch sein. Weil ich ja ein Flüchtlingskind war. Mit Flüchtlingskindern wollten die nichts zu tun haben.

Er: Es stimmt leider, was eure Uroma sagt. Wir waren ein bisschen überheblich. Aber wir hatten auch viel Angst. Die ganze Stadt war kaputt. Das war schlimm. Alles war voller Staub und Dreck. Alles war grau. Aber, einen Vorteil hatte das: Die Schule war auch kaputt. Wir mussten diesen Sommer überhaupt nicht in die Schule! Das war toll.
Sie: Das liegt daran, dass euer Uropa mit 13 Jahren immer noch ein kleiner Junge war und nicht der hellste Kopf in Quakenbrück.
Er: Wie bitte? Du bist immer noch rotzfrech, was soll das denn jetzt?
Sie: Na, pass mal auf: Du erzählst deinen Urenkeln, von denen zwei im Sommer in die Schule kommen, wie toll das war, dass eure Schule kaputt gebombt wurde. Ist das besonders helle?
Er: Oh. Verstehe. Hm. Na ja, wir waren noch Kinder. Das Schulgebäude war zwar kaputt, aber die Schule hat am ersten Oktober wieder angefangen. Und, um ganz ehrlich zu sein: Sogar meine Bande hat sich gefreut damals. Weil dann endlich wieder Ordnung in unser Leben einkehrte. Könnt ihr euch das vorstellen?

Sie: Auf jeden Fall verbrachte euer Uropa jede freie Minute in den Trümmern und spielte mit seiner Arierbande.

Er: Jetzt gehst du aber zu weit, meine Liebe!

Sie: Ja, du hast recht, tut mir leid. Aber ich bin immer noch ein bisschen böse, dass ich nicht mitspielen durfte.

Er: Das war auch gemein von uns. War nicht meine Idee. Das war ...

Sie: „Das waren Petz und Gabi..." Das hast du meiner Mama und Tante Anna auch immer erzählt.

Er: Tante Anna war meine Mutter, müsst ihr wissen. Anna und Agnes, unsere Mütter, waren bald die besten Freundinnen und machten alles zusammen. Mein Vater war ein bisschen eifersüchtig, glaube ich. Aber eigentlich wollte ich ja von dem Zufall mit dem Namen erzählen.

In diesem Sommer gab es keine Schule – und ich werde euch jetzt nicht vorlügen, dass wir Kinder deswegen traurig waren – alle Erwachsenen hatten viel zu tun, damit alles wieder funktionierte und alle wieder ein Dach über dem Kopf hatten, so dass unsere Bande den ganzen Tag in den Trümmern spielen konnte und wir uns die tollsten Streiche ausgedacht haben. Eines Tages haben wir zum Beispiel eine Handgranate gefunden ...

Sie: Was eine schlimme kleine Bombe ist, die nichts in Kinderhänden verloren hat und die sehr, sehr gefährlich war. Und mit der man keinen Unsinn machen durfte. Das wolltest du erzählen, oder?

Er: Eigentlich wollte ich erzählen, dass es nicht nur schlimm und grau war 1945. Sondern, dass wir alle sehr froh waren, dass der Krieg aus war, auch wenn alles kaputt war. Und wir waren froh, dass die amerikanischen Soldaten da waren und nicht ...

Sie: Vielleicht lassen wir das auch lieber aus, mein Lieber.

Er: Du hast recht. Aber wir Kinder waren damals verrückt nach Kaugummi. Manche Soldaten verteilten ab und zu Kaugummi an uns. Am Anfang wussten wir nicht einmal, was das war! Auf der Packung stand „Beech Nut Chewing Gum".

Sie: So schreibt man Kaugummi auf Englisch.

Er: Genau. Damals gab es nichts für uns Kinder. Zu Weihnachten bekam ich ein paar Socken, von meiner Mama gestrickt. Aber es gab kein Geld für Spielzeug. Und kein Spielzeug.

Sie: Und ich war Weihnachten in einem Zug. Und wir haben Weihnachten nur gemerkt, weil wir alle auf einmal gemeinsam Lieder gesungen haben.

Er: Wenn also damals ein Kind Geburtstag gehabt hat, dann gab es zu Hause, wenn man Glück hatte, ausnahmsweise Kuchen. Das war schon gut!

Sie: Aber ihr müsst nicht glauben, dass wir wegen der Geschenke unglücklich waren, Kinder. Wir waren ja selber schon halb erwachsen und die Erwachsenen hatten auch nichts. Wir hatten alle nicht viel.

Er: Stimmt, unglücklich waren wir nicht. Aber froh waren wir auch nicht. Egal! Im Frühsommer 1945 kamen Tante Agnes und eure Uroma und sind zu uns in die Wohnung gezogen. Und ich war nicht begeistert, denn die haben das Kinderzimmer bekommen und ich musste bei meinen Eltern schlafen.

Sie: Da konnte er nicht mehr nachts heimlich stundenlang Karl May lesen.

Er: Zum Beispiel. Aber, was ich eigentlich erzählen wollte, ist ja die Geschichte vom Zufall mit dem Namen. Und dieser Zufall hat mit einer Feldflasche zu tun.

Sie: Eine Feldflasche ist eine kleine runde Flasche aus Metall, mit Stoff überzogen, die man sich an den Gürtel oder den Rucksack binden kann.

Er: Mein Vater hatte so eine Feldflasche. Das gehörte zu seiner Ausrüstung als Soldat. Als der Krieg vorbei war, ist er einfach nach Hause gelaufen und hat alles mitgenommen. Er hat seine Uniform wie normale Kleidung getragen. Ohne Abzeichen, denn ...

Sie: Jetzt erzähl bitte nicht, was für Abzeichen das waren, sondern die Geschichte weiter.

Er: Wie? Oh. Das hätte ich jetzt fast gemacht. Gut. Nun. Also: Ich hatte damals ja im Sommer Geburtstag ...

Sie: Ach, jetzt hast du im Winter?

Er: Nein, wieso? Ich habe immer noch im Sommer Geburtstag.

Sie: Gut, dass wir das geklärt haben.

Er: Äh ... ich habe natürlich nicht damit gerechnet, dass ich ein Geschenk bekommen würde. Eigentlich hatte ich meinen Geburtstag fast vergessen. Auf jeden Fall sitze ich mit meiner Bande ...

Sie: Also ohne mich!

Er: ... in den Trümmern auf einem Brett, als wir unten auf der Straße meinen Vater sehen. Und der trägt seine Feldflasche vor sich her. Aber ganz komisch, als ob das eine Handgranate ...

Sie: Schon wieder?

Er: ... als ob da rohe Eier drinnen wären! Sehr, sehr vorsichtig halt. Wir sind natürlich neugierig. Also hüpfen wir vom Brett und rennen zu meinem Papa und fragen ihm ein Loch in den Bauch, was denn in der Feldflasche ist!

Aber mein Papa tut so, als wäre das überhaupt nicht seltsam, was er da macht. Er tut so, als würde er immer, jeden Tag, so rumlaufen, mit der Feldflasche vor dem Bauch. Vorsichtig, als ob da Sprengstoff ...

Sie: Tss tss tss ...

Er: ... als ob da rohe Eier drinnen wären. Wir laufen mit ihm mit und drängeln und schubsen und fragen und fragen, da sagt er plötzlich:

„Na gut, ihr Nervensägen! In dieser Flasche ist etwas sehr, sehr Wertvolles. Und das ist ein Geheimnis. Ich werde es niemals verraten. Aber einer von euch darf in die Feldflasche schauen. Und der kann sich dann überlegen, ob er euch von diesem kleinen, goldenen Wunder berichtet!"

Sie: Und wer hat dann kucken dürfen?

Er: Gabi hat gekuckt. Natürlich. Sie war die Älteste und als sich Petz vordrängen wollte, hat sie ihm eine Kopfnuss gegeben.

Sie: Und was hat Gabi gemacht?

Er: Mein Vater hat sich also hingekniet und hat die Feldflasche ganz, ganz langsam aufgeschraubt und dann hat er die Gabi reinkucken lassen. Und die Gabi hat ganz große Augen bekommen. Mein Papa ist dann gegangen. Und dann haben wir natürlich die Gabi genervt, damit sie das goldene Geheimnis verrät.

Sie: Und was hat sie gesagt?

Er: Sie hat erst behauptet, dass in der Flasche Goldstaub ist. Und dann hat sie gesagt, dass es ein Wüstengeist ist. Wie bei Aladin und der Wunderlampe. Aber am Ende hat sie zugegeben, dass sie gar nichts erkannt hat in der Flasche.

Als ich am Abend nach Hause ging, ist mir wieder eingefallen, dass ich am nächsten Tag Geburtstag hatte. Und da habe ich natürlich gedacht, dass das goldene Geheimnis in der Feldflasche vielleicht für mich war. Dass mein Vater in der Flasche etwas Wertvolles und Besonderes hatte für mich. Zu meinem Geburtstag. Ich konnte in dieser Nacht kein Auge zu tun! Ein goldenes Wunder, hatte mein Vater gesagt. Etwas sehr Wertvolles. Für mich?

So war das. Auf jeden Fall gab es am nächsten Tag Bescherung. Aber erst nachmittags, zum Kaffee. Es gab Kuchen, Mama und Tante Agnes hatten irgendwo Eier aufgetrieben, was an sich schon ein kleines Wunder war, und der Kuchen war herrlich. Aber noch herrlicher war mein Geschenk. Und dieses Geschenk ist Zufall Nummer vier. Und wisst ihr was? Dieser Zufall war wirklich aus Gold!

Sie: Wie bitte? Erzähl doch keinen Unsinn!

Er: Na gut. Zufall Nummer vier glänzte wie echtes Gold und Zufall Nummer vier war lebendig. Darum war mein Vater so vorsichtig gewesen.

Darum war es so wertvoll. Mitten in der grauen Stadt und in der grauen Zeit ein Lebewesen aus Gold. Das war wie ein Zeichen, dass endlich Frieden ist. Nie mehr Krieg! Das war für uns ein Wunder. Habt ihr eine Idee, was das gewesen sein könnte?

Sie: Es war der Anfang einer Leidenschaft für euren Uropa.

Er: Und für eure Uroma erst. Goldene Wesen aus dem fernen China.

Sie: Es sind die ersten Tiere, die gezüchtet wurden, nur weil sie schön aussehen.

Er: Die kann man nicht essen.

Sie: Und die geben auch keine Milch.

Er: Milch? Das ist doch Unsinn! Fische, die Milch geben?

Sie: Aber wir hatten doch noch gar nicht gesagt, dass es ein Fisch war.

Er: Oh! Stimmt. Ich bin ja doof! Du hast recht. Aber jetzt wisst ihr Bescheid, oder?

Sie: Es war ein wunderschöner Goldfisch!

Er: Ein richtiges Lebewesen. Mein Haustier. Ich war der Einzige in der Bande, der überhaupt ein Geburtstagsgeschenk bekommen hat. Einen Goldfisch!

Sie: Er stand auf der Küchenkommode in einem großen Einweckglas und wir haben beide den ganzen Tag nur den Goldfisch angestarrt.

Er: Mein Vater und meine Mutter hatten keine Ahnung, was die fressen, oder wie man die halten muss. Die waren vor dem Krieg beide Musiker gewesen.

Sie: Also lernten wir aus Büchern alles über die Goldfischhaltung ...

Er: ... und züchteten bald selber Goldfische.

Sie: Zwölf Jahre später haben wir die erste Zoohandlung in Quakenbrück eröffnet.

Er: Denn durch den Goldfisch wurden eure Uroma und ich richtig gute Freunde.

Sie: Verbündete. Und noch besser war: Ein paar Tage später ging euer Uropa zu seiner Bande und hat denen gesagt: ‚Entweder die Therese darf auch mitspielen, oder ich steige aus der Bande aus. Weil das dann nämlich sonst eine doofe Bande ist!

Er: Auf jeden Fall war Zufall Nummer vier ein Goldfisch.

Sie: Eine Goldfischin. Und die hieß Berta. Obwohl wir später rausgefunden haben, dass Berta doch ein Männchen ist.

Er: Und seit Berta ...

Sie: Du überlegst?

Er: Oder sollte man sagen: Wegen Berta?

Sie: Seit deinem vierzehnten Geburtstag waren Therese und Anton, also euer Uropa und ich, auf jeden Fall ein unzertrennliches Paar. Nächstes Jahr sind wir fünfundsiebzig Jahre zusammen.

Er: Genau. Obwohl Du rotzfrech warst.

Sie: Und Du überheblich.

Er: Und damit ist unsere Geschichte vorbei.

Sie: Und da drüben, in dem Aquarium, da schwimmen übrigens die Urururururur ...

Er: Da schwimmen die Urenkel von Berta und Sabine.

Sie: Berta ist wirklich der doofste Name, den du dem Goldfisch geben konntest.

Er: Na klar. Sabine ist ein viel besserer Name.

Sie: Aber Berta war doch ein Männchen.

Er: Das haben wir nicht gewusst!

Sie: Ich hab' das schon gewusst.

Er: Hast du nicht!

Sie: Hab' ich doch. Ich hab gesagt, wir sollten den Goldfisch Horst nennen!

Er: Und damit hast du den Preis gewonnen für den mit Abstand doofsten Namen, dem man einem Goldfisch überhaupt geben kann!

Sie: Sagt der Mann, der sich „Berta" ausgedacht hat! Immerhin kenne ich Menschen, die Horst heißen! Kennst du jemanden, der Berta heißt?

Er: Na, die dicke Berta.

Sie: Aber das ist doch eine Kanone und kein Mensch.

Er: Na und? Horst ist das Nest von einem Adler.

Sie: Ach, schau: Jetzt hast du die Kinder vertrieben mit deinem Gestreite.

Er: Mein Gestreite? Lassen wir das, Schatz. Weißt Du was? Wir holen uns noch ein Stück Kuchen. Willst Du auch?

Cha Cha Cha

Klack macht mein Absatz. Klack, klack, klack machen meine Schritte. Der neue Besitzer hat den Vinylboden und die Dämmung entfernen lassen, ich gehe auf Holz. Auf dem Dielenboden, der schon hier lag, als das Gebäude ein Wiener Ausflugslokal war und die ersten dreißig Jahre der Tanzschule. Meine ersten Tanzschritte habe ich auf diesen Dielen getan, lange bevor ich eingeschult wurde.

Ich habe das Klack vermisst.

„Das sind Erinnerungen, oder?", sagt der Makler, der immer noch in der Tür steht.

Ich nicke.

„So kann man hören, wie gut die Klasse tanzt", sagte Opa immer und er hatte recht, die Fortgeschrittenen schlugen mit ihren Schuhen den Takt der Musik. Trotzdem hat er sich in den Siebzigern für senfgelbes Vinyl entschieden. Jahrelang roch es nach Plastikkleber. Gemischt mit Schweiß, Parfum und Rasierwasser der Geruch meiner Jugend. Jetzt riecht es hier nach Dispersionsfarbe.

Den Anfängern hat Opa erklärt: „Jeder, der gehen kann, kann auch das Tanzen erlernen. Es ist nur eine Frage des guten Willens und der Ausdauer!". Doch im Familienkreis war seine Meinung:

„Tanzen, das wirkliche Tanzen kann man nicht erlernen. Zum Tanz muss man geboren sein!" Natürlich meinte er sich selbst, aber die Mitglieder der Familie schloss er großzügig in dieses Erbe ein – sein Sohn und sein Enkel hatten den Tanz sogar doppelt im Erbgut, von seiner und von Omas Seite.

Ich klacke hinüber auf die andere Seite. Hier standen die Tische für das Tanz-Café, für die Abschlussbälle und für den Tischmanieren-Drill. Zu Opas Zeiten war die Hälfte des Unterrichts die Etikette, das letzte „e" war stumm.

„Manierlich und höflich sein kann jeder. Das hat nichts mit Adel oder Reichtum zu tun, sondern mit Intelligenz", predigte er. „Es geht nicht um das sinnlose Bewahren der Traditionen des Kaiserreichs, sondern darum, dass wir lernen, uns gegenseitig zu respektieren. So machen wir uns das Leben angenehmer."

Mein Großvater hatte eine perfekte Körperhaltung, ich glaube, dass sein Rücken niemals eine Stuhllehne berührt hat. Wie ein Turm ragte er aus den Quartanern, die sich mit hochrotem Kopf vor dem nächsten „Cha cha cha" fürchteten. Sein Schnurrbart war imposant, gepflegt und kündigte den Farbwechsel zu Grau an, bevor das spärliche Haupthaar folgte. Eine Tanzschulklasse führte er wie ein Regiment. „Hoch den Ellbogen! Näher an den Feind! Schreiten, nicht schlurfen!" Sein Humor war schlicht, aber wie sein ganzes Wesen, voller Leidenschaft. „Walzer ist einfacher, da muss man nur bis drei zählen", sagte er jedes Jahr und jedes Jahr lachte er darüber am lautesten. Wie auch über jeden Streich, den sich die Jungen und Mädchen ausgedacht hatten. Es wurde viel gelacht, das Militärische war nur gespielt.

Wenn Oma und er einen Tanz vorführten, herrschte absolute Stille. Jeder, der zusehen durfte, erstarrte vor Staunen. Jeder Schritt der beiden machte Sinn, jede Bewegung gehörte dem Tanz, die Balance zwischen Anspannung und Gelassenheit war perfekt. Ihren Körpern war es selbstverständlich, ein Teil der Musik zu sein. Damit verdiente er sich jedes Jahr den Respekt seiner Schüler – nicht mit seiner Strenge.

„Kann ich auch einmal so tanzen wie du?", habe ich ihn gefragt.

„Sicher. Sogar besser. Dein Vater war auch schon ein wunderbarer Tänzer. Bevor er dem Hitler hinterhergelaufen ist. Er hätte die Gabe gehabt!", schimpfte er und hinter dem Zorn war Verbitterung.

Nachdem mein Vater dem Hitler hinterhergelaufen war, kam er als Invalide zurück. Ich war vier Jahre alt. Irgendwo am Dnjepr hatte eine Mine seine Gabe zerfetzt. Zeitgleich mit seinem rechten Bein verlor er die Begeisterung für den Führer, trat in die SPÖ ein und war zehn Jahre lang im Gemeinderat, nachdem Wien sich gesundgeschrumpft hatte.

Weil ich noch zwei Beine hatte, war ich der Aushilfslehrer. Schon mit zehn Jahren führte ich den Schülerinnen und vor allem den Schülern, die alle drei oder vier Jahre älter waren als ich, vor, dass sogar ein kleiner Junge Tango tanzen konnte, ohne zu erröten. Ich sprang auch ein, wenn im Kurs ein Überschuss an Mädchen herrschte. Was immer der Fall war.

Als 1955 die Besatzungsmächte abzogen, waren alle Kurse ausgebucht. Ich verrichtete an jedem Abend meinen Dienst und, zähneknirschend, auch an den Samstagen, wenn es beim Tanz-Café die Ehemaligen zu bewirten galt. Der Laden lief und ernährte drei Generationen unserer Familie, für ein Auto und einen Sommerurlaub reichte es auch.

Bis der Laden nicht mehr lief.

Opa hatte schnell ausgemacht, woran die plötzliche Unbeliebtheit für Etikette und Standardtänze lag: Es waren die Beatles! Die hatten Schuld. Weil das keine Musik war, zu der man tanzen konnte, zu dem Gejaule konnte man nur zappeln.

Allerdings meinte er mit „Beatles" nicht nur die vier adretten jungen Männer aus Liverpool, sondern etwas, das viel größer war. In seinem Sprachgebrauch waren sie entweder ein Schimpfwort: „Du siehst aus wie ein Beatle" oder „Lass dich nicht so gehen wie ein Beatle", oder etwas wie eine Nation. Die Chinesen, die Amerikaner, die Russen und die Beatles - für Großvater die vier Reiter der Apokalypse, die den Untergang des Abendlands einläuteten.

Ich aber fand die Beatles toll. Und „Grateful Dead", „Pink Floyd" und „The Doors" fand ich noch toller. Die Art, wie man zu dieser Musik tanzte, war für mich kein Gezappel, sondern Ausdruck der eigenen Persönlichkeit. Es galt nicht mehr, den Takt mitzuzählen, sondern seine Gefühle auszudrücken und das konnte ich richtig gut.

Das Schicksal unserer Tanzschule zu schultern, war mir eine zu große Bürde, das Gerede vom „Familienerbe" stieß mich ab. Hatte ich mir etwa meine Großeltern ausgesucht? Hat mich jemals jemand gefragt, ob ich überhaupt tanzen wollte?

Tanzschule als Konzept war so veraltet wie die Stadt Wien. Jedes Denkmal und jedes Regierungsgebäude, die verstaubte Pracht der Ringstraße und das Gehabe der Oberkellner und Trambahnschaffner atmete den Geist eines untergegangenen Weltreichs. In der Wiener Luft hing eine Sehnsucht nach vergangener Größe, die kaum jemand der Lebenden noch erlebt hatte.

Ich wollte frei sein! Ich wollte meinen eigenen Weg gehen. Kaum hatte ich die Matura, begann ich zu studieren. Meine Wahl fiel auf einen Studiengang, der so weit weg vom Tanzen war, wie es nur ging: Maschinenbau. Und zwar an der Johannes Kepler Universität in Linz, drei Stunden entfernt. Dort spezialisierte ich mich nach zwei Jahren auf Strömungsmesstechnik und numerische Strömungsmechanik.

Daheim, in den Räumen über der Tanzschule, war die Lage desolat. Mein Großvater weigerte sich, die neuen Strömungen in den westlichen Gesellschaften zu verstehen. Geduldig erklärte ich ihm immer wieder, dass man in einer modernen Welt keine Benimmregeln mehr brauchte. „Burger isst man mit den Fingern, niemand muss mehr wissen, wie man schicklich Fischgräten vom Mund auf den Teller balanciert. Männer können jetzt lange Haare haben. Frauen tragen Hosen und man schenkt ihnen keine Rosen mehr. Niemand unter dreißig geht noch auf einen Ball, heutzutage feiert man Partys, wo jeder kommen und gehen darf, wie er will!", dozierte ich voller Ungeduld.

„Ich verstehe", sagte Opa, ohne zu verstehen. „Man ist heutzutage nicht mehr gerne erwachsen."

Ich schüttelte verständnislos meine Mähne. „Nein, Opa! Etikette ist ein Unterdrückungsinstrument der Bourgeoisie!"

Opa und ich, das waren verschiedene Planeten.

Als Kompromiss rief ich den „Beat Club" ins Leben. Den Namen hatte ich frech einer deutschen Fernsehsendung entliehen, meine Plattensammlung lieferte die Musik. Jeden Samstag veranstalteten wir, statt des Ehemaligentreffpunkts, eine Party in der Tanzschule, Eintritt zehn Schilling. Den Löwenanteil unserer Einnahmen erwirtschafteten wir mit dem Ausschank und unseren „Cheeseburgern": Ein Fleischpflanzerl zwischen zwei Scheiben Toastbrot, belegt mit Scheibenkäse, der wie Plastik glänzte, wenn er beim Schmelzen auf den Pappteller tropfte. Das Angebot für junge Menschen in der Vorstadt war dünn und der „Beat Club" rettete die Tanzschule über die bitteren Jahre.

Als mein Studium beendet war, übernahm mein Freund Wolfgang die Rolle als DJ, denn ich hatte eine gutbezahlte Anstellung in Deutschland gefunden, wohin ich mit nur einem Koffer übersiedelte.

Meine Bedürfnisse waren die gleichen wie in der Studienzeit, jeden Monat schickte ich einen Scheck nach Hause.

Das Tanzen holte mich wieder ein, denn „Disco" war angekommen. Meine Haare klebte ich mit Haarspray zu einer perfekten Kopie von John Travoltas Look in „Saturday Night Fever". Seinen Tanzstil kopierte ich gleich mit – meine Version von „Stayin' Alive" war besser als das Original.

Hier, in München, war man in der Moderne angekommen. Das Altmodische war erst den Bomben zum Opfer gefallen und dann dem Straßenverkehr. Keiner hing wehmütig dem Kaiserreich hinterher, die Bayern waren erleichtert, dass Großpreußen nicht mehr war. München war so nah an Österreich, dass ich den ORF empfangen konnte, aber ich fuhr so selten wie möglich heim. Ich war jetzt mein eigener Herr.

Wenige Jahre nach John Travolta erhielt ich einen Brief von Großvater, der mich formell darum bat, die Tanzschule zu übernehmen. Ich rief sofort meinen Vater an, ich wollte erfahren, ob er gefragt worden war. War er. Aber er wollte kein einbeiniger Tanzlehrer sein und legte mir nahe, das Angebot wenigstens eine Nacht zu überschlafen.

Ich antwortete, dass mir die VEBA für die Forschung in Gauting mehr zahlte, als zwei Tanzschulen verdienten, denn die Atomkraft mache Strömungsmechaniker unentbehrlich. Mein Vater zeigte Verständnis und bat mich, meine Absage doch bitte schriftlich zu formulieren. Das erfordere die Etikette.

Ich hing auf und setzte mich sofort an den Tisch, nahm mir ein Blatt Papier und einen Federhalter.

Nach vier Stunden hatte ich „Lieber Großvater" geschrieben.

Ich hatte plötzlich Zweifel. Die Wahl zwischen Tanzen und Atomkraft war nicht so eindeutig, wie ich mir selber vorgemacht hatte.

Natürlich waren die Menschen, die sich „Atomkraft - Nein danke!" auf ihr Auto klebten, für mich naiv und unwissend. Aber dann gab es diesen Auftritt von Edward Teller im „Club 2". Der berühmteste lebende Atomforscher sprach ganz leise. Nahm sich lange Pausen von der Zeit aller Anwesenden. In gestochenem Hochdeutsch erklärte er die Wirkung von taktischen Neutronenbomben auf Zivilisten. Kalt wie ein Fisch. Frau Koch von der Schweizer Energiestiftung begann in der Sendung leise zu weinen.

Ich konnte sie verstehen.

Düstere Gedanken gingen mir durch den Kopf und Bilder von einem verstrahlten Europa. Wie vielen damals schien mir ein Atomkrieg früher oder später unvermeidlich. Bis dahin wollte ich meine Zeit mit etwas verbringen, was Anderen nutzte. Tanzen war wichtiger als Strom. Sollte es irgendwann einmal kein fließend Wasser, keine Heizung und keinen Strom mehr geben, würden die Menschen, früher oder später, trotzdem tanzen. Musik ist die zweite Sprache der Menschen und gesprochen wird sie mit dem Körper.

Ich ersetzte den senfgelben Vinylboden durch einen in Giftgrün – ein geschmacklicher Ausrutscher, den ich schon ein Jahr später bitter bereute. Der „Beat Club" hieß nun „Flashdance Party", doch Kevin Bacon hatte nicht die gleiche Wirkung auf die Tanzkultur wie John Travolta – nach einer rauschenden Eröffnung blieb das Publikum an den Samstagen aus. Die Dürrezeit war noch nicht vorbei und ich war kein Jugendlicher mehr.

Erst in dem Jahr, als ich schon Kontakt mit meinem alten Arbeitgeber aufnahm, kam die Wende. „Dirty Dancing" lief im Kino und ich taufte nicht nur die Samstagsveranstaltung in „Dirty Dance Party" um, sondern schüttelte einen Mambokurs aus dem Ärmel. Die Plakate hingen drei Tage, schon waren wir ausgebucht.

Tanzschulen waren wieder en vogue. Auf den Mambo folgte der Lambada und danach die Salsa. Großvater schaute dem Treiben staunend zu, aber für ihn waren die neuen Tänze plump. „Erotik, das ist nur der Tango", das war seine Meinung. Meine letzte Neuerung war die Einführung eines Bachata-Kurses. „Rettungstanz" sagte Opa dazu, geeignet für alle, die die Schrittfolge bei Samba oder Rumba vergessen hatten.

Es waren meine Schüler und Schülerinnen, die mich auf eine ganz andere Idee brachten.

Sie erzählten, dass ihre Eltern in der Tanzschule Benimmregeln beigebracht bekommen hatten und sie wollten wissen, warum es das eigentlich nicht mehr gab.

Also nahm ich Etikette ins Programm auf, bestand aber darauf, dass das letzte „e" nicht stumm sei. Statt der Bistrotische und der bequemen Lounge-Stühle zogen wieder weißgedeckte Tische und die alten Holzstühle in die Tanzschule ein, die so lange im Keller auf ihren Einsatz gewartet hatten.

Die Nachfrage war überwältigend. Es kamen die Kinder von Eltern, die selbst nicht wussten, wie man ein Fischmesser von einem Steakmesser unterscheidet, oder warum man ein Weinglas am Stiel anfasst. Vielleicht war auch die Welt komplizierter geworden, seitdem ich vor dem Spiegel beschlossen hatte, mir die Haare nicht mehr zu schneiden: Es tat gut, Regeln zu kennen.

Die Eltern meiner Klientel trugen Jeans und T-Shirts, bestellten Pizza und Pommes frittes per Telefon und gaben sich alle Mühe, nicht zu altern. Das Erwachsensein konnte keiner von ihnen erklären. Wie denn auch, wenn alle so lange „jung" blieben, bis man sie in ein Altenheim abschob?

Ernsthaft war sie, diese neue Generation. Sie kam freiwillig, nicht, weil man das eben so machte. Keiner heckte mehr Streiche aus.

Mein Auto wurde nie in Klopapier eingewickelt, sie malten keine Tanzschritte auf das Trottoir und die Toilettenschildchen wurden niemals ausgetauscht. „Tanz-Café", befand die Mehrheit, wäre genau der richtige Name für den Samstagabend.

Den ersten klassischen Abschlussball meiner Zeit erlebte Großvater leider nicht mehr. Aber ich hatte ihm noch erzählt, dass ich beim Unterricht „Es geht nicht um das Bewahren von Tradition, sondern darum, dass wir lernen, uns gegenseitig zu respektieren" gesagt hatte.

Meine Schüler empfahlen die Schule weiter und bald schrieb ich eine wöchentliche Kolumne in der „Wiener Zeitung", wo ich Benimmfragen beantwortete, die mir Leser und Leserinnen zuschickten. Radio- und Fernsehauftritte folgten, ich wurde angekündigt als der „österreichische Knigge".

Meine Meinung war durchaus kontrovers. „Wenn bestimmte Gruppen in der Gesellschaft nicht mit einem bestimmten Begriff bezeichnet werden wollen, dann gebietet es die Höflichkeit, das auch nicht zu tun", schrieb ich und der Briefkasten der Redaktion platzte vor wütenden Antworten.

In der Tanzschule stellte ich junge Tanzlehrer und Tanzlehrerinnen an, denn ich konnte den Wolossa, den Harlem Shake oder das Maidan-Jumping nicht unterrichten.

Sie überredeten mich Hip-Hop ins Programm aufzunehmen, aber auch, nachdem ich stundenlang YouTube-Videos angesehen hatte, konnte ich beim besten Willen keinen Tanzstil erkennen. Für mich war das nur Gezappel.

Ich war mein Großvater geworden.

Ich drehe mich um. Der Makler hat gewartet und meinen Erinnerungen gelauscht. Wie viel Zeit war vergangen? Eine Viertelstunde heute, beinahe siebzig Jahre in der Tanzschule. Ich klacke über den Dielenboden auf ihn zu und wir verlassen das Gebäude. Ich schließe ein letztes Mal ab, dann gebe ich meinen Schlüsselbund ab.

Für immer.

„Das kann einem schon schwerfallen, so ein Abschied, oder? Nach all' den Jahren?", fragt der Makler und sucht nach Tränen in meinem Gesicht. Er ist vor zwanzig Jahren mein Schüler gewesen und, wenn ich mich richtig erinnere, ist er sogar begabt.

Ich bin aber nicht traurig, schüttele ihm die Hand, bedanke mich und mache mich auf den Weg in die Wirtschaft. Dort werde ich alle meine Tanzlehrer und -lehrerinnen treffen. Wir werden feiern.

Auf dem Weg summe ich einen Song, der gerade ein Welthit ist. Sagen die Schülerinnen, die ihn beim allerletzten Tanz-Café aufgelegt haben.

„Despacito" heißt das Lied und Justin Bieber ist entweder süß mit drei „Ü" oder ekelhaft. Was aber weder Tanzschüler noch Tanzschülerinnen wissen: Das ist ein Standard!

So schreite ich durch die Straßen und ich fühle mich zum ersten Mal in meinem Leben wirklich frei. Ich tanze. Natürlich. Ich tanze zu der Melodie in meinem Kopf.

Despacito: Zwei, drei, cha cha cha.

Der Snickers-Krieg

Kapitel 1: Der Neue

Uns Schüler hatte niemand gewarnt, dass wir im nächsten Schuljahr einen neuen Direktor haben würden. Wir waren froh, dass der alte Direktor in Ruhestand ging, denn wir hielten ihn für einen Nazi. Dabei gab es für diese Vermutung keine Indizien. Zwar hieß er ‚Stürmer' und hatte im Krieg eine Hand verloren, doch jeder hätte ausrechnen können, dass er 1945 erst 14 Jahre alt gewesen war. Er war wahrscheinlich weder Goebbels Rhetorikcoach oder Görings Redenschreiber, sondern höchstens ein kleiner Hitlerjunge gewesen.

Der neue Direx trug den Namen „Gernhardt" und stellte sich uns am ersten Schultag in der Aula vor. Lässig lehnte er am Pult. Er trug Jeans und ein knallgelbes Hemd zu seinen Adidas. Es waren die späten Achtziger: Schnurrbart und Vokuhila galten noch nicht als lächerlich, waren aber eher bei der Fußballnationalmannschaft zu finden als im Kollegium eines Gymnasiums.

Trotz des modernen Outfits war seine Ansprache gewohnt langweilig. Er sprach viel von Gesundheit und Freiheit und verkündete, dass er mit der neuen Generation – gemeint waren wir – einen Weg in die Zukunft bauen wollte.

Er endete damit, dass er sich schon freute, uns alle persönlich kennenzulernen. Das war nett gemeint, für uns klang das eher bedrohlich.

Im Schulalltag machte sich der Wechsel des Managements vorerst nicht bemerkbar. Auffallend war nur, dass Frau Schulz, unsere Englischlehrerin, sich neuerdings schminkte und immer wirkte, als käme sie gerade vom Friseur.

Wir malten uns ein geheimes Techtelmechtel aus.

Schulz – Herzchen – Gernhardt.

Davon abgesehen lief alles in den üblichen chaotischen Bahnen. Bis zum ersten Elternabend. Dort verkündete der Neue, dass er sich um unsere Ernährung Sorgen machte. Ab jetzt, so hätte er beschlossen, gäbe es am Schulkiosk keine Schokoriegel mehr zu kaufen. Die Elternschaft klatschte und wackelte zustimmend mit ihren dicken Bäuchen.

Am nächsten Morgen zeigte sich Herr Krause – unser Hausmeister, der den Kiosk betrieb – darüber genauso verärgert wie wir, schließlich brach ihm der Umsatz zusammen. Aber er beugte sich der Tyrannei.

„Was kann man als braver Bürger schon tun, wenn die Politik so etwas beschließt?", meinte er und versuchte uns seine trockenen Brezen aufzuschwatzen.

Das war genau die Art von Unterdrückung, von der wir im Unterricht gehört hatten. Unsere Lehrer hatten uns von der „Außerparlamentarischen Opposition" vorgeschwärmt und dem Widerstand gegen staatliche Strukturen, die sich seit dem Dritten Reich noch nicht verändert hätten. „Unter Röcken und Talaren herrscht der Muff von hundert Jahren", hatten sie auf den Straßen skandiert, als sie noch jung waren.

Wir hatten ganz genau aufgepasst.

Kapitel 2: Aufruhr

Das Schokoriegelverbot war unsere Gelegenheit zur Rebellion. Hier war die Grenzlinie gezogen, auf diesem Hügel würde unsere Generation ihre Schlacht liefern. Niemand hatte uns vorzuschreiben, was wir uns von unserem Taschengeld zu kaufen hatten und was nicht.

Wir saßen zu acht im SMV-Zimmer zusammen – dem einzigen Raum der Schule, den Lehrer nicht betreten durften – und beratschlagten unsere Taktik. Manni schlug vor, eine Demonstration zu organisieren, Biene hielt einen Sitzstreik für effektiver, Moritz wollte ein Sleep-In veranstalten, doch niemand wusste, was das eigentlich bedeutete.

Die meiste Unterstützung erhielt die Idee von Moni: Wir würden das Verbot unterwandern und selbst Schokoriegel verkaufen. Direkt vor der Schule!

Den Tagesbedarf des Gymnasiums schätzten wir auf 120 Snickers, 60 Mars, 60 Milky Way, 30 Raider und 30 Tüten Treets – hochgerechnet aus unseren eigenen Vorlieben. Würden wir das im Supermarkt einkaufen, kostete das die SMV 145 Mark – und damit 30 Mark mehr, als in der Kasse war. Allerdings könnten wir auch jeden Tag 30 Mark verdienen, wenn wir die Ware 10 Pfennig teurer anbieten würden als im Einkauf, hielt Holgi dagegen. Die Investition würde sich in weniger als einer Woche amortisieren.

„Es geht nicht darum, uns hier zu bereichern!", meinte Manni. „Wir wollen nicht an den unmenschlichen Regeln der Unterdrücker verdienen. Es geht um politischen Widerstand! Es geht um die Freiheit!"

Allgemeine Zustimmung aller Anwesenden.

Unsere Aktion wäre beinahe gescheitert, bevor sie begonnen hatte, hätte nicht Evis Mutter eine Imbissbude gehabt. Im Großeinkauf, so berichtete sie, kostete der Karton mit 25 Snickers gerade einmal 8,75 DM. Man könnte also erstens den alten Preis von 50 Pfennig halten und zweitens damit sogar mehr Gewinn machen und drittens wären die 115 Mark in der Kriegskasse genug.

Eine Woche später wartete die Schülermitverantwortung mit selbstgebastelten Bauchläden gegenüber der Schule. Wir verkauften in den Pausen unsere politischen Schokoriegel. Schon am nächsten Tag kam über die Lautsprecher die Durchsage von Direx Keiner-Gernhardt, dass es den Schülern nicht gestattet sei, das Schulgelände zu verlassen. Haftung, Versicherung und Gesetze und Blablabla.

Natürlich ignorierten wir das, doch die meisten unserer Kunden und Kundinnen blieben nun aus. Am nächsten Tag drehte Herr Vormann seine Runde. Schon unter Direktor Stürmer war er der Mann für's Grobe gewesen. Unsere Schokoriegel wurden konfisziert und es gab Verweise für Manni, Evi, Biene und mich.

Es dauerte einen oder zwei Tage, bis wir uns wieder sortiert hatten. Mit so einer heftigen Reaktion hatten wir nicht gerechnet. Die Alt-68er, die uns unterrichteten, hatten nicht nur den politischen Widerstand studiert, sondern auch, wie man ihn am schnellsten unterbindet.

Wir verlagerten uns in den Untergrund.

Kapitel 3: Untergrund

Die Sparkasse beglückte die SMV am Weltspartag immer mit Stickern, Pins und Buttons mit „Sumsi, dem fleißigen Bienchen".

Nicht einmal die Fünftklässler waren daran interessiert. Jetzt aber bekam dieses Symbol des Bausparvertrags eine neue Bedeutung. An den Sumsi-Pins erkannten unsere Stammkunden den Snickers-Schwarzhändler des Tages. Sie flüsterten ihm das Passwort ins Ohr und steckten ihm fünfzig Pfennig in die Tasche des Parkas. Dann nahmen sie sich den Schokoriegel der Wahl aus dem Papierkorb, der an diesem Tag als toter Briefkasten diente. Dieser wurde von einem andern Verschwörer beobachtet, damit er im Überwachungsfall die Ware unter Müll verstecken konnte. Von einem dritten Eingeweihten, um die Ecke, erfuhren sie dann das Passwort des nächsten Tages.

Wir begannen mit „Rudi Dutschke", waren dann über „Che Guevara" bald bei „Freddie Mercury" und „Otto Waalkes" angekommen. Gewechselt wurde jeden Tag.

Wer der Maulwurf war, der uns schließlich verpfiffen hat, wissen wir bis heute nicht. Irgendjemand, der genau über unseren Modus Operandi Bescheid wusste, musste gesungen haben. Eines Morgens fand sich die Führungsspitze der Rebellen im Fahrradkeller von Lehren umzingelt, gerade in dem Moment, als die heiße Ware den Besitzer wechselte.

Evis Mutter wurde nicht rechtlich belangt, immerhin. Die üblichen Verdächtigen aber bekamen einen Direktoratsverweis und das waren Manni, Evi, Biene und ich.

Zähneknirschend gelobten wir, den Schwarzhandel mit Snickers, Mars, Milky Way, Raider und Treets aufzuhören und beugten uns der Pausenbrotdiktatur. Wir stellten den Verkauf ein und waren nur noch normale Schüler. Es war unser bitteres Schicksal, ein Lehrstück der Unterdrückung zu sein.

Keiner von uns rechnete damit, dass der Widerstand mit unserem Urteil noch nicht gestorben war. Aber andere ergriffen die Fackel der Freiheit und setzten unsere Mission fort. Sie wählten eine andere Vorgehensweise, andere Symbole, andere Passwörter. Der Krieg ging weiter. So blieb unsere Schule weiterhin voller Schokoriegelpapier, zum Hohn unserer Unterjocher.

Natürlich fiel der Verdacht wieder auf uns. Wir mussten uns einzeln im Direktoratszimmer vorstellen, wo wir von Direx Keiner-Gernhardt und seiner Bulldogge, Herrn Vormann, ins Kreuzverhör genommen wurden. Sie versuchten, uns mit Versprechungen zu bestechen – Aufhebung der Verweise. Sie versuchten, uns mit Drohungen zu erpressen – Entlassung von der Schule.

Trotzdem gestand niemand von uns, weil es nichts zu gestehen gab. Wir waren an den Aktionen unserer Nachfolger nicht beteiligt.

Als Verteidigung war das nicht gut genug.

Wir flogen von der Schule, weil wir Schokoriegel verkauft hatten, verkündete der Direktor eines Vormittags über alle Lautsprecher. Mit diesem Tag hatten wir das Recht verwirkt, das Schulgebäude überhaupt zu betreten. Ob uns eine andere Schule annehmen würde, war zweifelhaft, laut Herrn Vormann sah es schlecht aus für uns. Unsere akademischen Laufbahnen endeten, bevor sie begonnen hatten. Wegen Snickers!

Es kam zu spontanen Schweigemärschen in den Pausen. Flugblätter machten die Runde. Es gelang unseren Mitschülern, den Elternbeirat zu mobilisieren. Direktor Gernhardt erklärte sich bereit, sein Vorgehen bei einer gemeinsamen Veranstaltung noch einmal zu erläutern. Ihm waren Transparenz und Offenheit wichtige demokratische Güter. So stand es in der Einladung.

Kapitel 4: Am Pranger

Der Abend kam, die Aula war gerammelt voll. Alle Lehrer und Lehrerinnen waren versammelt, alle Schüler und die meisten Eltern auch. Auf dem Podium saßen nur Manni, Evi, Biene und ich.

Ich fühlte mich, obwohl wir vier waren, sehr allein und sehr klein. Ich suchte meine Eltern in der Menge und fand sie auch: Meine Mutter sprach mit einem der Klassensprecher aus der Zehnten und nickte ihm zu, mein Vater zeigte mir die Daumen. „Alles in Ordnung", sollte das heißen. Pah! Nichts war in Ordnung.

Dann erschien Direktor Gernhardt. Heute trug er zu seiner Jeans ein beiges Kordjackett und eine Krawatte mit Fransen – wahrscheinlich, um auch die konservativeren Eltern für sich zu gewinnen. Er klopfte gegen das Mikrofon, löste eine Rückkoppelung aus und begann seine Ansprache:

„Sehr geehrte Eltern, liebe Kollegen und auch ihr, die Schülerschaft – fühlen Sie sich alle dabei willkommen, wie wir an unserer Schule gemeinsam Demokratie und Offenheit leben. Wir haben uns heute hier versammelt, weil vier Individuen den Unterricht an unserem Gymnasium über den Zeitraum von mehr als drei Monaten beträchtlich gestört haben. Ihre Aktionen trieben einen Keil zwischen die Lehrerschaft und die jungen Menschen, die sie belehren sollte. Statt gemeinsam an unserer Zukunft zu arbeiten, waren wir gezwungen, die Pausenaufsicht zu verdoppeln und disziplinäre Maßnahmen zu ergreifen, die wir eigentlich niemals ausüben wollten. Und das kam so ..."

Es war im Licht der Scheinwerfer kaum auszumachen, aber während der Ansprache von Direx Keiner-Gernhardt hob jemand den Arm. Doch nicht, um sich – wie im Klassenzimmer – zu melden. Nein, stumm hielt Martina Hengstler aus der 6B ein Snickers in die Höhe.

Sie blieb nicht die einzige, bald ragten Dutzende Schokoriegel in die Höhe, gehalten von Schülern, die für uns protestierten, die auf unserer Seite waren. Dann sah ich, wie Herr Krause ein Raider erhob, was den Direx kurz verstummen ließ. Auch viele der Eltern schienen eingeweiht, die Zahl der Widerständler wuchs ganz leise.

Ich blickte gerade in dem Moment auf Frau Schulz, als sie unter Tränen ihren Arm hob und ein Milky Way in die Luft hielt. Jetzt begann unser Direktor zu stottern. Es hatte fünf Minuten gedauert, aber nun stand er vor einem Wald von Armen. Wie Baumstämme ragten sie vor ihm auf und auf ihren Kronen blühten Süßigkeiten. Wie im Schlaraffenland, dachte ich. Sicher gab es unter den Lehrern und auch unter den Eltern Einzelne, die verbittert die Arme verschränkten, doch es war eindeutig, dass die meisten sich nicht mit Keiner-Gernhardt solidarisierten, sondern mit uns, den Widerständlern.

Der Direx verließ die Bühne, ohne seine Ansprache gehalten zu haben. Alle Schüler und Schülerinnen jubelten laut und warfen ihre Schokoriegel in die Luft: Es regnete Snickers! Es war ein Rausch der Macht – das Volk hatte seinen Tyrannen abgeschüttelt. Wir waren die französische Revolution, der Direx der abgehalfterte Sonnenkönig der Bourbonen.

Kapitel 5: Eiskrem

Auf Drängen des Elternbeirats schaltete sich das Ministerium ein und hob die Schulentlassung und den Direktoratsverweis nachträglich auf. Herr Krause durfte wieder Schokoriegel verkaufen, aber ich glaube nicht, dass er jemals die gleiche Menge an Snickers umgesetzt hat wie wir in den Wochen der Rebellion.

Im nächsten Schuljahr hatten wir eine neue Direktorin; keiner weiß, was aus Herrn Gernhardt geworden ist. Ich ließ mich nicht wieder in die SMV wählen, ich musste mich meinen Zensuren widmen. Doch wir wurden auch nicht mehr gebraucht, die Schlacht war geschlagen.

Das war mir nur recht. Ehrlich gesagt: Ich stehe überhaupt nicht auf Schokoriegel. Mars und Snickers sind viel zu süß, Milky Way zu locker, Raider klebt und die Erdnüsse in Treets schmecken muffig. Mir persönlich wäre es lieber gewesen, wir hätten durchgesetzt, dass Herr Krause in den Pausen Eis verkaufen darf. Capri am besten. Oder Dolomiti.

Vier Jahreszeiten

Was mich an meinem Tod am meisten kränkte, war die Jahreszeit. Ich wollte nicht im Herbst sterben. Drei Monate nur und ich hätte noch ein Jahr geschafft. Im Winter zu sterben wäre in Ordnung gewesen.

Aber hier kauerte ich, auf meinen Knien, hielt mir den Brustkorb und während mein Herz versagte, segelten rote Blätter durch die Luft. Die Sonne ging unter, es war ein warmer Oktober. Auf der Wiese spielte ein Mann mit seinem Hund, der vor Begeisterung bellte, wenn er den Tennisball apportieren durfte.

Meine Jahreszeit war der Winter. Ich bin im Januar geboren, aufgewachsen bei Konz an der Mosel, Rheinland-Pfalz. Meine Mutter, von ihren Eltern auf den Namen Brigitte getauft, hatte zur Entbindung das Klinikum Mutterhaus Mitte aufgesucht und mich danach bei ihren Eltern abgegeben. Dann ist sie, von Bhagwan persönlich auf den Namen Gramya getauft, wieder zurück nach Poona. Die universelle Liebe, die sie dort erlebte, schloss ihren Sohn nicht mit ein.

Poona. Laut Schulatlas ist das 8431 Kilometer entfernt. Oft von mir mit dem Lineal nachgemessen, wenn mir meine Großeltern Stubenarrest erteilten. Sie waren mir Eltern, auch wenn ich sie Opa und Oma nennen musste. Deine Mama, das ist die Brigitte, meinten sie und holten die Fotoalben mit den Kinderfotos heraus. Große Schlitten aus Holz, hinten Opa, vorne diese Brigitte. Viel mehr Schnee, als ich jemals gesehen hatte. Schlittschuhlaufen auf der zugefrorenen Mosel.

Ein Kasperltheater mit von Opa geschnitzten und bemalten Figuren, mit denen ich auch nicht gespielt hatte – sie waren für Kinderfinger zu groß und zu schwer.

Ein Winterkind sei sie gewesen, so wie ich. Es klang, als wäre diese Brigitte gestorben, ersetzt durch Gramya. Gramya bedeutet „Unschuld". Mich hat sie Kuleen getauft, das bedeutet „Gut Geborener", meine Großeltern hatten den Sanskritnamen in „Collin" abgeschwächt. So stand es in den Klassenlisten und auf den Zeugnissen, aber nicht in meinem Personalausweis.

Winterkinder sind besonders, meinte Oma. Nachdenklich, nach innen gewandt, für die Philosophie und die Poesie geboren, nicht für die schwierigen Aufgaben einer Welt, die Oma und Opa zu laut und zu bunt geworden war.

Zu meinem achtzehnten Geburtstag schenkten sie mir eine Ausgabe des „Stern", die Ausgabe vom 12. Januar 1978. Dort berichtete ein Reporter namens Jörg Andrees Elten aus Poona. Begleitet wurde der Artikel, genannt „Frieden durch den großen Meister" von zahllosen Fotos in schwarzweiß. „Hier", sagte Opa, „und dort. Das ist die Brigitte. Das ist deine Mutter". Einmal war sie nackt und tanzte, auf dem anderen Bild meditierte sie, dritte Reihe rechts, unscharf.

Ich musste sie kennenlernen, wenn sie wirklich so war wie ich. Vielleicht war Indien auch meine wahre Heimat und es wäre, als würde ich nach Hause kommen. Meine Mutter und ich würden uns verstehen, ohne sprechen zu müssen, und, wenn ich den großen Meister kennengelernt hatte, ergäbe alles auf einmal Sinn. Ich würde sie besuchen und mir begegnen. Das war der Plan.

Im Jahr 2000, als die Welt trotz anderslautender Prognosen, nicht untergegangen war, trat ich meine Reise an. Man war aus Oregon zurückgekehrt nach Indien. Poona hieß jetzt offiziell Pune, Bhagwan hieß Osho.

Ich habe sein Haus besucht. Es war schwarz, wie alle Gebäude hier. Auf einem Altar stand seine Urne, am Morgen und am Abend wurde davor meditiert.

Besser denn je würde es um sein Erbe stehen, meinte Gramya. 20.000 Menschen besuchten die Veranstaltungen, mehr als vor Oregon, den Rolls Royces und Sheela.

Der ehemalige Ashram war ein Luxusressort für wohlhabende Sinnsuchende geworden und aus den alten Sanyassins „ashram therapists", erkennbar an den weißen Schärpen über den schwarzen Gewändern.

Wir saßen auf den gleichen billigen Plastikstühlen, wie man sie überall auf der Welt findet an einem Plastiktisch, alles in Oshos Lieblingsfarbe schwarz. Über uns spendeten Palmen Schatten, meine Mutter fröstelte, über meinen 120-Kilo-Körper liefen Schweißströme. Aids hatte die Bewegung verändert, die roten und orangen Gewänder geschwärzt und die Gesichtszüge der unbekannten Frau mir gegenüber ausgemergelt.

Ich hatte nichts zu sagen. Gramya hatte nichts zu sagen. Obwohl wir beide Winterkinder waren. Nach zwei Stunden verließ ich den Ashram wieder.

Pia war der Sommer. Rote Haare, Sommersprossen und Sonnenbrand auf der Nase. Schon als wir uns kennenlernten, roch sie nach Gras und Erde. Den Balkon ihrer Wohngemeinschaft hatte sie in eine Plantage verwandelt: Kräuter, Tomaten, Bohnen, Salat, biologisch-dynamisch aus Berlin Mitte.

Das war in den Neunzigern, in diesen besonderen Jahren, als der alte Kalte Krieg zu Ende war und der neue noch nicht begonnen hatte. Die Welt atmete kurz durch. Berlin galt als aufregend und aus der ganzen Welt strömten junge Menschen, um auf der größten Baustelle der Welt zu tanzen.

Ich studierte vergleichende Religionswissenschaften, genauer: Religionstransfer und Kulturtransformation und ich war Atheist. Pia studierte Botanik, genauer: Strukturelle und funktionelle Pflanzendiversität und sie glaubte an Gaia.

Unsere Freundeskreise überschnitten sich nur in uns. Niemand gab unserer Beziehung eine Zukunft. Der Zyniker und die Optimistin, die Ökoreformerin und der Raver, der Spinner und die Gärtnerin, sagten ihre Freunde; Dick und Doof, sagten meine.

Ihr waren ihre Freunde unheimlich nahe, ich konnte meine Freunde nicht leiden. Ihre Eltern lehnten mich offen ab, meine Großeltern waren Feuer und Flamme für Pia.

Obwohl uns alle erklärten, dass wir nicht zusammenpassten, oder vielleicht deswegen, funktionierte unsere Liebesgeschichte, sogar als sie sich zu einer Beziehung abkühlte. Ich fand etwas in Pia, das mir unverständlich und fremd war, und das ich unbedingt in meinem Leben brauchte.

Wenn sie mich ansah, spiegelte sich in ihren Augen ein Mann, der aufrecht war und loyal. Nichts war mir wichtiger, als dieser Mann zu werden.

Unsere Hochzeit, eine Woche nach Studienende, fand in einem der Schrebergärten statt, die zu Pias Fakultät gehörten. Ein Wolkenbruch trieb alle in die kleine Hütte. Schulter an Schulter schwitzten wir, klammerten uns an die Plastikbecher, in denen der Champagner sprudelte und versuchten so zu tun, als würde uns der Gestank nach natürlichem Dünger nicht stören. Als alle geflohen waren, liebten wir uns auf dem schlammigen Boden der Hütte und es ist wahrscheinlich, dass dort unsere Mädchen gezeugt wurden.

Wir zogen um nach Hiebenburg, wo Pia den Aufbau eines botanischen Gartens betreute. Drei Monate nach unserer Ankunft wurden die Zwillinge geboren. Ich blieb zu Hause und arbeitete offiziell an meiner Doktorarbeit, in Wahrheit blieb mir keine Zeit dafür, so sehr beschäftigten mich die Mädchen und das Fernsehprogramm rund um die Uhr. Am Vormittag liefen in allen Programmen faszinierend oberflächliche Talkshows, die den Namen des Moderators oder der Moderatorin trugen. Ich kannte sie alle. Arabella, Bärbel, Vera, Sonja, Andreas, Ricky, Oliver, Britt und Sabrina waren mein neuer Freundeskreis.

Nach einem halben Jahr begann ich meinen Tag mit einem Gläschen Sekt zum Fernsehen, am Abend servierte ich Rotwein zum Essen und der Dämmerschoppen war ein Glas guter Whisky.

Als unsere Mädchen in den Kindergarten kamen, hatte ich die Doktorarbeit aufgegeben und blieb meinen Fernsehfreunden und dem Alkohol treu verbunden. Hatte sich Pia nicht immer gewünscht, dass ich meine Gefühle äußere? Gut. Denn die Tatsache, dass Bärbel Schäfer Yvonne leider mitteilen musste, dass Ingo gar nicht der Vater ihres Sohnes war, rührte mich zu Tränen. Abends, wenn Pia nach Hause kam, konnte ich ihr nicht in die Augen blicken, denn der Mann, der sich in ihren Augen spiegelte, war nicht ich.

Pia eröffnete mir eines Abends, nach dem Whisky, dass sie ein Angebot aus Peru bekommen hatte, dass sie nicht ausschlagen wollte. Es wäre jetzt auch die richtige Zeit, zwischen Grundschule und Gymnasium. Sie würde zum Forschen mit den Mädchen nach Lima ziehen, ins Reserva Paisajistica Nor Yauyos-Cochas. Ich verstand nur „Dschungel" und ich fühlte mich übergangen.

„Natürlich will ich, dass du mitkommst", sagte sie. Dann kam sie zu mir und klopfte mir auf den Rücken, denn ich heulte so arg, dass ich kaum Luft bekam.

Ich wollte sagen: Ich liebe dich, aber ich konnte nicht.

Ich fuhr nicht mit.

Am Terminal weinte ich nicht mehr, aber dafür unsere Töchter und Pia. Sie hatten mir ein dickes Buch gebastelt voller Fotos und Gedichte und Erinnerungen an die zehn Jahre, in denen ich eine Familie hatte. Wir winkten uns bis zur letzten Sekunde und ich rief ihnen hinterher: „Ich komme euch bald besuchen!", aber ich wusste, dass ich log.

Ich wartete im Besucherbereich, bis ich das Flugzeug abheben sah und winkte, bis es in den Wolken verschwunden war.

Zu Hause saß ich mit dem Whisky in unserer Wohnung und wusste nicht mehr, wo ich war. Was war das für eine hässliche Couch? Warum hatte ich einen so großen Fernseher und wie war ich hierhergekommen?

Das war Pia. Der Sommer.

Ella und Nina waren der Frühling. Sie waren sechzehn Jahre alt, junge Frauen, als ich sie wiedersah. Ich konnte sie nicht mehr unterscheiden, beide waren wunderhübsch und sie sprachen Deutsch mit einem spanischen Akzent. Für drei Monate teilten wir uns zwei Zimmer, Küche, Bad. Taxifahrer verdienen nicht einmal zur Messe genug Geld, nicht einmal in Frankfurt.

Den ersten Abend verbrachten wir mit dem Papabuch und frischten jede Erinnerung, die darin versiegelt war, einzeln auf. Ernsthaft waren meine Töchter, albern waren sie auch. Nachdem ich ihnen Frankfurt gezeigt hatte, machte ich mit vielen jungen Männern Bekanntschaft, die sich in meine beiden Südamerikanerinnen verliebt hatten. Wenn ich am frühen Morgen von meiner Taxirunde nach Hause kam, roch es nach Zigaretten und Rum und ich schlief in Chips- und Tortillabröseln auf der Couch.

An den Nachmittagen legten die beiden meine Schallplatten auf und ich spielte ihnen die Lieder der Frauen vor, nach denen sie benannt waren. Nina Simone und Ella Fitzgerald.

„Musik, die niemals altern wird", erklärte ich. „Im Gegensatz zu mir."

In der Gegenwart meiner Töchter spürte ich das Alter, denn ich wollte plötzlich der Jugendliche sein, der ich niemals gewesen war.

Wir wurden Freunde, das schon. Ich wusste immer noch nicht, wie man Vater ist.

Ich traute mir nicht zu, wieder an einem Terminal zu stehen und zu warten, bis ihre Maschine ein silberner Punkt am Himmel geworden war. Wir verabschiedeten uns vor dem Flughafen. Sie versprachen:

Wir kommen bald wieder nach Deutschland, aber ich wusste, dass das gelogen war. Ich habe weder Nina, noch Ella gesagt, dass ich sie liebe.

Winter, Sommer und Frühling und nun starb ich also im Herbst. Es war auch Herbst gewesen, als die Diagnose ankam. Ich war zum Arzt gegangen, weil es mich überall juckte. Auf der Waage stellten wir fest, dass ich mehr als zwanzig Kilo abgenommen hatte. Das Blutbild war verdächtig. Eine Knochenmarkspunktion später hatte ich eine lebensgefährliche Krankheit, akute myeloische Leukämie.

Den Arztbrief nahm ich mit nach Hause und dann ergoogelte ich jedes Wort. Gut war anscheinend, dass die Milz noch nicht angegriffen war. Schlecht war, dass ich zu alt war, zu viel trank, zu viel rauchte und eine hohe Anzahl an Leukozyten im Blut hatte. Mein Hausarzt vermutete psychosomatische Ursachen, zweiter Absatz, letzte Zeile, denn die Zytogenetik wäre günstig. Psychosomatisch verstand ich ohne Google.

Der Quacksalber, dachte ich. Immerhin hatte ich gerade eine dreißigminütige Ausbildung zum Onkologen hinter mir. Ich wollte leben. Glaubte ich.

An der Uniklinik interessierte sich niemand für die Ursachen und ich begann eine Chemotherapie. Drei Mal kam ich für eine Woche in Isolation, während die Medikamente ihren Kreuzzug gegen die Tumorzellen führten und, wie bei Kreuzrittern üblich, auf dem Weg ins Knochenmark auch die Passanten töteten.

Danach waren die Blasten im Blut bei nur einem Prozent, was als Erfolg gewertet wurde. Die Induktionstherapie war aber erst der Anfang. Es folgten Cytarabin, Tretinoin, und 6-Mercaptopurin. Danach wurde ich mit Erythrozyten und Thrombozyten wieder aufgebaut und mein Körper chemisch überredet, die Produktion von Granulozyten wieder aufzunehmen. Vorbeugend wurde ich mit Antibiotika und Antimykotika behandelt und hatte nach drei Monaten den Glauben verloren, dass ich leben wollte.

Doch ich überlebte. Im Krankenhaus wurde ich von einer Psychiaterin besucht, die mir erklärte, wie ich mich fühlte und wie meine Frau und meine Kinder sich fühlen mussten. Als ich ihr beim zweiten Besuch erklärte, dass ich ihr nichts mehr zu sagen hatte, verordnete sie mir einen Meditationskurs, den ein junger Pfarrer im Krankenhaus veranstaltete. Das war ein Kompromiss und ich hatte meine Ruhe.

Die Wahrheit war: Ich hatte niemanden vom Blutkrebs erzählt. Ich wollte kein Mitleid von Pia und den Zwillingen keine Sorgen bereiten. Ich überlebte ganz allein.

Es sollte noch einmal drei Monate dauern, bis ich wieder Taxifahren konnte, danach ging ich es gemütlich an. Keine Nachtschichten und keinen Lift in andere Städte, an Wochenenden war frei.

Rituale waren mir wichtig geworden. Jeden Samstag machte ich einen Ausflug und jeden Sonntagnachmittag ging ich ins Café Siesmayer, aß Prinzregentenkuchen und trank Milchkaffee. Dieser Lebensstil passte zu dem Körper, in den man mich in der Klinik verpflanzt hatte. Er war schlanker als mein alter und ohne Tumor, doch der Vorbesitzer hatte die achtzig wohl schon überschritten.

Ich ließ mich auf die Seite fallen. Der Schmerz in der Brust war sanfter geworden, wenn ich flach atmete, würde ich nicht ersticken. Mehr Bewegung war unmöglich. Ich war so müde, der Blätterhaufen, in den ich sank, war das perfekte Kissen.

Im Herbst wollte ich nicht sterben, aber ich lag im feuchten Laub, es roch nach Pilzen, Insekten krabbelten in die Hosenbeine und die fallenden Blätter deckten mich zu. So würde ich also gehen, meine Reise war am Ende.

Mein letztes Wort war „Pst!". Gezischt, als ich vorgestern im Kino das Knistern der Chipstüte meines Nachbarn nicht ertragen konnte. Sicher nichts für eine Grabinschrift.

Ich schlief ein.

Der Tennisball des Border Collies „Brady" rollte in meinen Blätterhaufen, sein Besitzer rief den Notarzt und ich habe den Herzinfarkt überlebt. Die Chancen, im Herbst zu sterben, stehen wieder drei zu eins.

Der Flug nach Lima dauert fünfzehn Stunden und kostet, hin und zurück, keine fünfhundert Euro, wenn man früh bucht. Weniger als meine Plattensammlung wert ist. Ich habe mir vorgenommen, meine Töchter zu besuchen. Und vielleicht sogar Pia.

Holbox

„Dann wünsche ich allen noch ein wunderschönes Weihnachtsfest!"

Endlich war der Zeitpunkt für meine Ansprache gekommen. „Viel Spaß mit dem Schneematsch, dem Regen und der Kälte. Und genießt den Spekulatius, Dominosteine mit dieser mysteriösen Füllung aus Chemikalien und Zucker, den Früchtekuchen und – nicht zu vergessen – die ganzen selbstgebackenen Plätzchen, die ihr gegen euren Willen geschenkt bekommt!".

Die Aufmerksamkeit der Redaktion hatte ich.

Dramatische Pause. Lächeln.

„Gutes Gelingen auch bei eurer weihnachtlichen Aufführung. Man muss schon schauspielern können, um bei jedem Geschenk, das man nicht wollte, so zu tun, als würde einem ein Herzenswunsch erfüllt. Wer freut sich nicht über ein weiteres Namensschild aus Salzteig, mit Engelchen und Herzchen, ein Probeabo für's Fitnessstudio oder noch ein Selbsthilfebuch über das Abnehmen?".

Zu persönlich? Viel zu persönlich. Doch ich war in Fahrt:

„Und ich wünsche euch viel Geduld mit der Verwandtschaft, wenn sie einfällt wie die Heuschreckenplage über Ägypten.

Schön, sich einmal im Jahr zu sehen, dann kann man sich an Heilig Abend, wenn keiner mehr nüchtern ist, endlich mal wieder bis auf's Messer streiten. DAS ist es doch wert, dass sie die Wohnung verwüstet hinterlassen, oder? Ich bin mir nicht sicher, aber ist das nicht ein traditioneller Weihnachtsbrauch? Haben nicht auch die Heiligen Drei Könige dem Jesusbaby Müllsäcke, Staubsaugerbeutel und Handgranaten mit an die Krippe gebracht?"

Ich war weit über das Ziel hinausgeschossen. Zeit, ein Ende zu finden:

„Ich, meine Lieben, ich wünsche euch auf jeden Fall jetzt schon: Viel Spaß! Fröhliche Weihnachten euch allen! Feiert schön ohne mich, denn ich bin dann mal weg! Weit weg! Auf einer Insel vor der Küste von Mexiko!

Da werde ich vor meiner Hütte sitzen und aus einer Kokosnusshälfte meinen Longdrink schlürfen, während ihr euch die Beine in einer Kirche in den Bauch steht und euch fragt, wie die das machen, dass es drinnen immer fünf Grad kälter ist als draußen. Lebt wohl! Bis nächstes Jahr!"

Winken, kleine Verbeugung, Abgang.

Das war bereits mein vierter Auftritt als Weihnachtsverweigerin, ich war in Übung. Die Generalprobe hatte ich vor meinen Freundinnen beim Inder gegeben, die Premiere fand in der Yogagruppe statt, wo ich vor allem Martin imponieren wollte, auf den ich mehr als nur ein wohlwollendes Auge geworfen hatte. Der dramatische Höhepunkt war das Telefongespräch mit meinen Eltern, für das ich mir mit zwei Glas Glühwein Mut angetrunken hatte. Das mit dem Enterben hatten sie nicht wirklich ernst gemeint, oder?

Für keinen der Auftritte benötigte ich Schauspielunterricht: Ich hasste Weihnachten mit Inbrunst. Für mich war es Heuchelei, eine Konsumorgie ohne Sinn, überkitscht, überzuckert und das Rudiment eines alten Aberglaubens. Dreißig Jahre hatte ich den Irrsinn ertragen, – jetzt war es an der Zeit! Ich hatte die Flucht verdient.

Dieses Jahr war zu katastrophal, um es mit Weihnachten abschließen zu müssen. Das konnte keiner von mir verlangen.

Ich kann die Katastrophen aufzählen:
A) Als Einsteigerin in der Redaktion war es meine Aufgabe, die Artikel der Printausgabe in Klickstrecken zu verwandeln, damit wir auf möglich vielen Webseiten möglichst viele Anzeigen unterbringen konnten. Das funktionierte nur mit marktschreierischen Überschriften und einem Cliffhanger in jedem zweiten Absatz. Die Kolleginnen hassten mich, weil ich ihre anspruchsvollen Texte zu kleinen Snackportionen verwurstete, die nicht einmal Vorschüler geistig forderten.

B) Meine Schwester heiratete in Disneyland Paris – kein Scherz. An sich schon deprimierend genug, aber es gelang meinem Ex-Liebsten, daraus ein Trauma zu basteln. Nach dem Hochzeitswalzer kuckten mich die Frischvermählten erwartungsvoll an, hochverdächtig, im Hintergrund ertönte „You've Got a Friend in Me" von Randy Newman – der leider auch in „Toy Story" gesungen wird, einem Film, womit er der Disney-Corporation gehört. Auf einmal kniete Achim vor mir und hielt mir einen Verlobungsring vor den Bauch. Alle Anwesenden freuten sich darauf, dass ich in Tränen ausbrechen, nicken und wir uns, unter Beifall von Goofy und Donald Duck, küssen würden. Aber das tat ich nicht. Meine Wortwahl war, glaube ich: „Nein! Tickst du nicht ganz richtig? Auf keinen Fall!" Gut, ich verstehe, dass ich die Worte bedachter hätte wählen können, aber in meinen Augen handelte es sich hier um Nötigung, um emotionale Erpressung.

C) Wegen A) und B) machte ich mich auf die Suche nach psychotherapeutischer Begleitung, als gesündere Alternative zu der Beratung durch Dr. Chardonnay und Dr. Trebbiano. Der erste Therapeut empfahl schamanische Rituale, aber auf dem Foto waren alle nackt. Die Zweite identifizierte sich sehr mit mir, wir weinten beide über mein Schicksal und dann über ihres.

Die Nummer drei war sehr alt und sehr schweigsam, ich entwickelte den Zwang, alle dreißig Sekunden zu prüfen, ob er noch atmete.

D) Es wäre nach rituellem Familienrecht in diesem Jahr an mir gewesen, die Weihnachtsorgie auszurichten. Mama, Papa, zwei Geschwister mit Anhang, ein Baby, Baum, Geschenke, Gans, Knödel, Wein und Schnaps und die Kosten für die Renovierung der Wohnung. Nein, ich übertreibe nicht: Vor zwei Jahren hat Papa die Wohnzimmertür im Streit so fest in die Angeln geknallt, dass die Scherben der Glasfüllung bis in unsere Teller geflogen waren.

Was für ein düsteres Jahr!

In dieser Grundstimmung klickte ich mich eines einsamen Abends durch das Internet und stieß auf folgenden Text:

„Vor den Augen das Türkis des Ozeans, unter den Füßen weicher Sand und in den Ohren leises Vogelschnattern: Die Schöpfung hat die Isla Holbox sanft vor der Küste von Yucatán ins Meer getaucht, um uns ihren Bauplan für das Paradies zu zeigen.

Autos sind hier verboten, dafür gibt es 45 Kilometer Strand und kristallklares Wasser. Statt Touristen sieht man nur Möwen und Pelikane, die auf ihren Holzpfählen sitzen und beim Anblick der grenzenlosen Natur meditieren.

Willst du einfach mal die Seele baumeln lassen? Die Augen schließen und die Karibik genießen? Dann ist Holbox die Antwort!"

Keine Minute später war meine kleine Hütte gemietet. Am 22. Dezember würde ich in den Flieger steigen und A, B, C und vor allem D entkommen. Das war die Form der Therapie, die ich benötigte. Zwischen den Jahren würde ich in Frieden meine Narben pflegen und meinen Seelenakku wieder laden, nicht ohne meinen Kolleginnen und Freundinnen ein kleines Weihnachtspäckchen voller Neid dazulassen. Nichts durfte schiefgehen – von Holbox hing der Verlauf des nächsten Jahres ab.

Ich war dafür bekannt, ein Organisationstalent zu sein, und nahm mir vor, mich selbst zu übertreffen. Für jeden Aufgabenbereich der Planung erstellte ich eine eigene Checkliste. Auf der ersten Seite meines neuen Moleskin-Organizers landete die Checkliste der Checklisten – ein Inhaltsverzeichnis der Fluchtplanung.

Am Abend vor meinem planmäßigen Abflug um 7:31 Uhr ließ ich mich in meine Couch sinken und ging noch einmal alles durch. Alle Kolleginnen neidisch gemacht: Check. Meine Freundinnen überrascht: Check. Martin aus der Yogaklasse auf mich aufmerksam gemacht: Check. Mich nachhaltig mit meinen Eltern überworfen: Check.

Es galt nur noch, meine Handtasche reisefertig zu machen. Geldbeutel, Kreditkarte, Flugticket,

Reservierungsbestätigung, Impfbuch wegen Hepatitis A und B, Typhus und Tollwut. Alles da. Nur der Reisepass fehlte noch.

Also ging ich zur Kommode, hob die Kiste mit den Dokumenten heraus und – fand ihn nicht. Ich schaute im Kleiderschrank, wo ich in einer anderen Kiste Reiseerinnerungen aufbewahrte. Ich durchsuchte die Hosen und Kleider, die ich für Disneyland eingepackt hatte und den Trenchcoat, den ich in Marokko gekauft hatte: kein Pass.

Dann ging ich die Aktenordner durch, in denen Verträge und Policen abgeheftet waren. Irgendwann hatte ich den Pass doch mal in einer Klarsichthülle abgeheftet? Wieder nichts. Ich erweiterte den Suchradius und öffnete jedes Fach, jede Schublade, jeden Schrank in meiner Wohnung.

Als ich das Gefrierfach vom Kühlschrank öffnete, um dort nachzusehen, wusste ich, das ich ein sehr ernstes Problem hatte.

Es war bereits zwei Uhr morgens. Höchste Zeit, panisch zu werden! Ich begann alles, wirklich ALLES aus allen Möbeln einzeln in die Hand zu nehmen und auf den Boden zu legen.

Eine Stimme in meinem Gehirn kreischte dazu den Soundtrack: „Du musst nach Holbox! Du musst da hin! Holbox oder Tod!"

Vier Stunden später hockte ich mitten in meinen verstreuten Besitztümern und dachte: „Viel schlimmer hätte der Besuch deiner Familie auch nicht ausfallen können!". Nach einem Blick auf die Uhr verstummte die verzweifelte Stimme in mir. Es wurde sehr still. Ein paar Federn aus den aufgeschlitzten Kissen kreiselten durch die verstaubte Luft. Die Schlacht war geschlagen. Ich hob vom Küchenboden die Flasche Whiskey auf und zog unter einem umgestürzten Stuhl ein Glas heraus, das noch sauber wirkte. Ich klaubte ein paar Eiswürfel aus dem Spülbecken und legte mich mitten in meinen Verhau. Ein letztes Mal schrie ich meinen Kampfruf: „Holbox oder Tod!", laut dieses Mal, so laut ich konnte,

So begann mein dunkles Geheimnis: Als ich aufwachte, war der 23. Dezember schon vorbei. Zu spät, mir eine andere Unterkunft zu klicken, um Weihnachten zu entkommen. Ich war dazu verdammt, die Weihnachtszeit in Frankfurt zu verbringen, ohne Ozean, Sand und meditierende Pelikane. Ohne Holbox.

Nach den Abschiedsreden, mit denen ich alle Menschen, die ich kannte, vor den Kopf gestoßen hatte, konnte ich nicht einfach an Heilig Abend bei meiner Schwester auftauchen und gestehen, dass ich meinen Reisepass verloren hatte. Das ging auf keinen Fall.

Obwohl Frankfurt eine Großstadt ist, kannten doch ein paar Menschen im Westend mein Gesicht: Ich hatte keine Wahl, ich durfte die Wohnung die nächsten zwei Wochen nicht verlassen. Ich musste mich vor dem Fernseher verstecken, mein Essen online bestellen und alle im Glauben lassen, ich wäre verreist. Nicht ans Telefon gehen, nicht auf Instagram oder Twitter posten. Behaupten, dass es auf Holbox keinen Empfang gab.

Die Feiertage verbrachte ich beim Licht einer Kerze vor dem Fernseher. Auf allen Plattformen wählte ich mexikanische Filme und Serien und sah sie mir in Spanisch mit Untertiteln an, um später weltfrauisch von den Sitten und Gebräuchen erzählen zu können. El Mariachi, Perdita Durango, Amores Perros, Y Tu Mamá También, Güeros oder Roma waren meine Gastgeber, während meine Familie sich, keine drei Kilometer Luftlinie entfernt, mit Sekt und Schnaps dem Weihnachtshorror hingab.

Um nicht doch aufzufliegen, galt es, einen neuen Plan zu schmieden und neue Checklisten zu machen. Zum Aufwärmen besuchte ich meine Trauminsel auf Google Maps. Per Streetview flanierte ich die Straßen entlang und besuchte die Hütte, in der ich um ein Haar den schönsten Urlaub meines Lebens gehabt hätte.

Für jeden Tag Pseudo-Holbox schrieb ich einen Tagebucheintrag und dokumentierte die erfundenen Unternehmungen, die erlogenen Besuche in Cafés und Restaurants und die Begegnungen und Gespräche, die ich niemals geführt hatte.

Für jeden wollte ich nach den Ferien etwas im Angebot haben. Meinen Eltern mit ihrer ADAC-Gold-Mitgliedschaft würde ich vorschwärmen, wie erholsam es war, keine Autos um sich zu haben. Welche Freiheit es bedeutete, jederzeit die Straßen überqueren zu können, ohne Angst von einem SUV plattgefahren zu werden.

Meine Freundinnen würden sich sicher dafür interessieren, wie sich Javier, mein langhaariger, muskulöser, romantischer und frei erfundener Kite-Surfing-Lehrer in mich verschossen hatte und wie mir seine nächtlichen Liebesserenaden zu aufdringlich wurden.

Martin, der von der Yogaklasse, wäre sicher fasziniert von meinem Ausflug mit dem Motorboot, hinaus in die Weite der Karibik, wo ich eine überraschende Begegnung mit Walhaien hatte, den größten lebenden Fischen der Welt. Ach, wie verbunden ich doch mit dem Meer und der Natur war, als ich ihre Eleganz und Größe bewunderte!

Ab dem 28.12. fuhr ich jeden Tag mit Kopftuch, Sonnenbrille und Trainingsanzug in ein Sonnenstudio an der anderen Ecke der Stadt, um die knackige Urlaubsbräune zu bekommen, die meinen Geschichten die nötige Autorität geben würde.

Ich eröffnete sogar neue Konten bei Amazon und Netflix und löschte die alten, damit nicht jemand aus Versehen auf meine mexikanische Filmorgie stoßen konnte. Ich schaltete die Rauchmelder aus und verbrannte im Spülbecken alle Rechnungen vom Pizzaboten und die Fahrkarten für die U-Bahn, bevor ich offiziell wieder in Frankfurt ankommen durfte und allen von meiner gelungenen Urlaubsreise berichten konnte.

Ich fühlte mich wie eine weibliche James Bond, die sich für einen Undercoverauftrag eine geheime Identität zulegen musste,

Holbox wurde ein Teil von mir. Acht Jahre habe ich dichtgehalten, nicht einmal mein Mann kennt die Wahrheit. (Nein, ich habe nicht geheiratet, Martin ist „mein Mann", nicht „mein Gatte". Und nein, es ist nicht der Martin aus der Yogaklasse, sondern jemand, der nicht promiskuitiv ist.)

Mein Martin glaubt mir, dass Holbox für mich der schönste Platz der Welt ist. Darum hat er mir auch zum Geburtstag einen Kurzurlaub dorthin geschenkt, über Weihnachten. Damit ich ihm die Insel zeigen kann, die die Schöpfung sanft ins Meer getaucht hat, um uns zu zeigen, wie ihr Bauplan für die Hölle ist, in der Lügner eine Ewigkeit gebraten werden.

Alles ist schon gebucht und bezahlt. Meine Freundinnen, meine Kolleginnen und die Vorgesetzten, selbst meine Familie ist unterrichtet und eingeweiht gewesen in diesen Plan. Monatelang hat Martin das hinter meinem Rücken organisiert und mich mit erfundenen Märchen im Dunkeln tappen lassen. Wie kann man seine Lebenspartnerin nur so lange anlügen?

Wenn ich Glück habe, dann kommt vielleicht mein Reisepass nicht rechtzeitig; ich musste einen neuen beantragen, der alte war abgelaufen. Ach, der war übrigens in einer Klarsichtfolie im Moleskin-Organizer mit den Checklisten – dem einzigen Gegenstand, der nicht in einer Checkliste stand.

Der Heilige der Parksünder

Tom Quinn war der schönste Mensch, den ich in meinem Leben getroffen habe. Ich behaupte nicht, dass er attraktiv gewesen wäre – nein, hätte es damals einen Preis gegeben für den durchschnittlichsten englischen Bobby, dann hätte Tom gewonnen. Rotes schütteres Haar, Sommersprossen, ein Bäuchlein. Seine Uniformen waren verlässlich eine Nummer zu klein. An seinem Oberlippenbart konnte man ausmachen, welche Snacks er auf seiner Tour geschenkt bekommen hatte.

Sicherlich war er auch nicht das hellste Licht im Revier. Seine Handschrift war die eines Achtjährigen, Kopfrechnen vermied er und er verstand weder Ironie noch Sarkasmus.

Wir aus der Bridge Street haben oft über ihn geredet, aber nie darüber, was sein Geheimnis war oder wie er zu dem Tom Quinn geworden war, den wir so liebten. Vielleicht wollten wir einfach nicht, dass da Dinge aus der Vergangenheit auftauchten.

Die Achtziger gingen damals ihrem Ende zu und mit ihnen meine Jugend. Begonnen hatte das Jahrzehnt mit Punk, Alkohol und mit Margaret Thatcher.

1988 dachte ich, es würde enden mit der Rave-Musik, die aus dem „Haçienda" stampfte, Ecstacy und Margaret Thatcher. Mit meiner Schreiberei war es ernst geworden. Es gab in den Staaten einige Magazine, die meine gesellschaftskritischen Kurzgeschichten nachfragten und unter Pseudonym schrieb ich spitzfindige Essays und Kritiken für Zeitschriften hier im Königreich. Ich hatte eine Agentin und die wartete auf meinen ersten Roman. Etwas in der Art von Katherine Dunns „Geek Love", bitteschön, oder aber ein zweites „Weetzie Bat", wie das von Francesca Lia Block.

In meiner Wohngemeinschaft war ernsthaftes Arbeiten nicht möglich, also investierte ich in ein Büro – wenigstens vier Stunden täglich wollte ich ungestört in meinen Mac tippen. Nichts war damals günstiger zu mieten als einer der vielen kleinen leerstehenden Shops in der City.

Dort sah ich Tom jeden Vormittag die Bridge Street hinunter und nachmittags, auf der anderen Straßenseite, wieder zurück schlendern. Ich wohnte an seinem Arbeitsplatz.

Tom war das, was man eine „Male Meter Maid" nannte.

Er war Polizist und wurde dafür bezahlt, Strafzettel an Falschparker zu verteilen, Skateboardern den Gehsteig zu verbieten oder orientierungslosen Touristen den Weg zur Cathedral zu weisen.

Unsere erste Begegnung, von Angesicht zu Angesicht, war am fünften Tag meines Umzugs. Ich wollte den Schreibtisch und die Regale zusammenbauen und hatte das WG-Auto – nur ganz kurz – auf dem Gehweg geparkt. Wenn der unfähige Stadtrat nicht genug Parkplätze und so weiter.

Durch das Schaufenster sah ich, wie ein Bulle mir einen Strafzettel hinter den Scheibenwischer klebte. So etwas Kleinliches! Wie sollte man denn bitteschön hier umziehen? Sollte ich meinen Kram vom Bridge Street Car Park zu Fuß hierher schleppen?

Ich stampfte Richtung Tür und hatte mir einen geräumigen Wutausbruch zusammengebastelt. Platz genug für den Fischgestank, das Wetter in England und in Manchester im Besonderen und die Unterdrückung der Kunst durch die unfähige Regierung.

Das Bullenschwein kam mir in der Ladentür entgegen:

„Hallo! Ich bin Tom Quinn. Ich bin für die Bridge Street verantwortlich. Schön, Sie kennenzulernen. In ihrem Laden habe ich mir früher Fish'n Chips gekauft, bis George pleite gegangen ist. Er hat wirklich alles versucht, der Arme, aber er konnte sich das Geschäft nicht mehr leisten. Schade ist das."

Während dieses Kurzvortrags lächelte er mich an. Jedes Wort war ehrlich. Bei „Fish'n Chips" leckte er sich die Lippen, bei „Schön, Sie kennenzulernen" blitzten seine Augen vor Freude und bei „Schade" war er wegen des Schicksals meines Vorgängers tieftraurig.

Ich könnte schwören, dass in diesem Moment der Regen aufhörte und die Sonne ihn von hinten beleuchtete. Meine Entwaffnung war vollständig, der Zorn fortgeblasen.

„Hallo Tom!", stammelte ich. „Ich bin John. Freut mich auch, Sie kennenzulernen!"

Auch an diesem Satz war keine Silbe gelogen.

Ein paar Tage später lag ich unter meinem Schreibtisch, um die Verkabelung für meinen verhexten Drucker zu prüfen. Tom kam in den Laden und schlug vor, dass er mir einige meine Nachbarn vorstellen könnte und ich fand, das wäre genau die richtige Ablenkung.

Da war Esther, die seit vierzig Jahren ein Geschäft für Kurzwaren führte und darüber klagte, dass die Qualität der Stoffe, Zwirne, Knöpfe und Nadeln, die sie geliefert bekam, immer schlechter wurde. Albert überragte uns zwei Köpfe und beugte sich herab, um mir die Hand schütteln zu können, während er über die Vorteile einer Glasbruchversicherung referierte. „Ismaelda" legte für Geld Tarotkarten und blickte in Glaskugeln.

Hauptsächlich für Ingenieure, Architekten, Politiker und Rechtsanwälte, wie sie erklärte.

Ich dürfe sie aber gerne Beth nennen, das wäre ihr richtiger Vorname. Nadeem verkaufte Street Food. Sein Laden war voller Poster indischer Gottheiten, auf der Theke vor der Kasse stand ein Messing-Ganesha. Eigentlich war er Pakistani und Muslim, aber was machte man nicht alles für den Umsatz, meinte er, während er uns zwei Samosas in die Hand drückte. Nein, er würde nicht Fish'n Chips anbieten, erklärte er Tom, als wir am Gehen waren.

Vor dem Pub „The Oast House" zischten sich zwei Männer an, beide schon um elf Uhr morgens mit einem Pint Stout in der Hand. Als wir sie passierten, rissen sie die Mützen vom Kopf und grüßten Commissioner Quinn recht höflich. Tom war Constable.

Auf dem Rückweg winkte er Menschen in der Buchhandlung, dem Friseurladen, der Reinigung, dem Herrenausstatter, dem Fudge & Candy, dem Kiosk und der Spirituosenhandlung zu – jeder kannte Tom, alle freuten sich, ihn zu sehen.

Damals begann meine Obsession mit diesem Mann. Sobald ich ihn durch mein Fenster erblickte, verfolgte ich jede seiner Gesten. Er war mir ein Rätsel. Warum war er so beliebt? Es war nicht nur schlichte Freundlichkeit, obwohl er nie ein schlechtes Wort über jemanden verlor.

Ausgesucht höflich war er auch nicht, er sprach alle nur mit Vornamen an. Was war sein Geheimnis?

Vielleicht verkörperte er einfach unser kleines Dorf, mitten in der Großstadt. Verlässlich wie das Morgenlicht war er jeden Tag für uns da, die wir in der Bridge Street oder darum herum arbeiteten oder wohnten. Wir alle kannten Tom und wenn die Rede auf ihn kam, dann lächelten wir uns wissend zu. Uns einte etwas Tieferes als die zufällige Nachbarschaft. Die einfache Tatsache, dass wir in der Nähe von Mr. Quinn lebten, machte uns zu Freunden.

Dabei war es nicht so, dass unserem Viertelchen Stress und Hektik erspart geblieben wären. An einem sonnigen Tag parkte ein klappriger Lieferwagen in zweiter Reihe und blockierte den Verkehr. Ich konnte aus meinem Laden beobachten, wie Tom den Fahrer ansprach, der hinter dem Steuer wartete. Dann öffnete sich die Fahrertür, der Fahrer stieg aus. Er war so breit wie hoch – erstaunlich, dass er in dem Fahrzeug Platz gefunden hatte. Er stampfte mit den Füßen, schlug mit der Faust einmal auf den Lieferwagen, blähte sich auf und schrie so laut, dass Spucketropfen auf Toms Helm flogen.

Der reagierte nicht, als fühlte er sich nicht gemeint. Er wartete stumm, bis der Gorilla alles gebrüllt hatte, was er zu brüllen hatte. Schließlich lächelte Tom sein patentiertes, unnachahmliches Tomlächeln, blickte seinem Gegenüber in die Augen und sprach etwas mit ihm.

Dem Fahrer entwich die Luft. Er nickte, als Antwort auf eine Frage, die ich nicht gehört hatte. Sie wechselten noch zwei oder drei Sätze, dann schüttelten sie sich die Hand und in meiner Erinnerung bedankte sich der Fahrer, nahm seinen Strafzettel in Empfang, stieg in sein Auto, winkte noch einmal und fuhr fort.

So war Tom.

Ich war Zeuge eines Wunders geworden, dachte ich. War Tom immun, weil er zu naiv war, den Zorn des Fahrers auf sich zu beziehen? Nein, dumm war er nicht. Vielleicht hatte er einfach tiefes Verständnis für die Wut seines Gegenübers ausgedrückt – nein, nicht für Falschparker. Oder dünstete er spezielle Pheromone aus? Hatte er vielleicht die Kunst der Hypnose oder des Mesmerismus perfektioniert? Was war an diesem Mann, der bei uns Strafzettel verteilte?

Wobei das natürlich nicht alles war, was er tat. Selbstverständlich reparierte er Kindern die Fahrräder und rettete Katzen von Bäumen. Er half Omas und Opas über die Straße und übersetzte aus dem Japanischen, Deutschen und Schwedischen fließend ins hiesige Mancunisch, ohne eine Fremdsprache zu beherrschen. Mimik und Gestik reichten aus. Er war ein Bobby aus dem Bilderbuch.

Aber auch das war nicht das ganze Geheimnis.

Tom wirkte Wunder. Damit meine ich nicht, dass in meiner Erinnerung immer die Sonne schien, wenn ich ihm begegnet bin – rein statistisch unmöglich. Auch nicht die Tatsache, dass viele behaupteten, dass er genau dann erschien, wenn er am dringendsten gebraucht wurde, wie ein Schutzengel. Auch der fünfte Oktober ist nicht gemeint, wo er – laut Augenzeugen – an zwei Orten gleichzeitig war. Das sind nur kleine Wunder.

Was ich wirklich meine, ist unglaublicher. Die Achtziger waren für Manchester eine schmerzvolle Zeit. Arbeitsplatzverluste verarmten viele Familien, die Thatcheristen wollten die produzierende Industrie hier verschrotten. Die Kriminalität in den Innenstädten im Norden wurde bedrohlich und das Fernsehen endgültig die Ersatzdroge der schwächeren sozialen Schichten. Die Stadt zerfiel äußerlich und innerlich.

Aber nicht unser Dorf um die Bridge Street. Wir waren eine Gemeinschaft. In einer vergessenen Ecke einer zu alten Stadt, in der die meisten Fenster mit Brettern vernagelt waren, war ein lebenswerter Ort entstanden. Ohne Subventionen, Sozialprojekte oder Arbeitsbeschaffungsmaßnahmen.

Sobald wir den kleinen dicken Mann mit dem Schnauzer und dem Block voller Strafzettel erblickten, immer auf der Suche nach dem nächsten Snack, war die Welt lebenswerter, waren die Nachrichten nicht mehr so schlecht und unsere Sorgen fühlten sich an, als wären sie zu ertragen. Beth nannte Tom den „Heiligen der Parksünder".

Meine Faszination für Tom und die Zeit, die ich mit ihm verbrachte, veränderten mich. Meine Glossen für ein abgebrühtes Großstadtpublikum misslangen mir zunehmend, das Zynische kam mir abhanden. Ich hatte manchmal sogar das Bedürfnis, über Schönheit zu schreiben und im Geheimen flossen mir Texte in den Rechner, welche die Rottöne des Ahornblatts beschrieben, das sich vor meinen Laden verirrt hatte.

Im Zuge meiner Tom-Recherche interviewte ich auch Kollegen aus dem Revier, doch niemand konnte mir mit Hintergrundinformationen helfen.

Tom war nicht verheiratet, hatte keine Geschwister und auch über seine Eltern gab es nichts zu berichten. In seinen Unterlagen war als Wohnort Manchester eingetragen, seine Wohnung war in einem Mietblock in der Watson Street, mit Ausblick auf ein verlassenes Gewerbegebiet. Er besaß kein Auto und keinen Telefonanschluss.

Jeder antwortete auf die Frage, ob er mit Tom befreundet war, mit „Ja", aber niemand war jemals mit ihm nach Dienstschluss in einem Pub gewesen. Keiner wusste, ob seine Kindheit besonders traurig oder fröhlich gewesen war. Da war nichts zu finden, was einen normalen Bobby zu einem Heiligen geläutert hätte.

Obwohl man im Revier durchaus anerkannte, wie gut er seinen Dienst meisterte, waren seine Vorgesetzten so weise, ihn nicht zu befördern.

„Ich wäre unglücklich, wenn ich an einem Schreibtisch arbeiten müsste", hatte er mir erklärt bei einem seiner täglichen Besuche. Er blickte auf den Stapel Papier, der einmal mein Roman werden könnte, und meinte:

„Ich bewundere dich dafür, etwas zu machen, was nur aus deinem Kopf kommt, John. Erst ist da nur leeres Papier und dann kommen die Buchstaben und Wörter und in den Köpfen deiner Leser entstehen Bilder. Das ist wie ein kleines Wunder, oder?"

Auch Heilige sterben. Als er zum ersten Mal in zwanzig Jahren nicht zum Dienst erschien, schauten seine Kollegen in seiner Wohnung vorbei. Der Hausmeister öffnete ihnen die Tür und da lag er auf seinem Sofa. Ein Aneurysma, hieß es, ganz schnell wäre das gewesen. Zack – weg war Tom.

Wir waren alle bei seiner Beerdigung. Tom hatte seine Grabstelle im Philips Park Cemetery schon 1970 gekauft, seit letztem Jahr wurden keine neuen Plätze mehr vergeben. Es war ein warmer, sonniger Tag; Manchester zeigte sich von einer heiteren Seite. Die Bridge Street war versammelt.

Der Priester hielt eine Ansprache, aber offensichtlich war er Tom nie begegnet. Um heilig zu sein, muss man wohl keiner Kirche angehören. Sein Vorgesetzter vertraute uns bei seiner Trauerrede an, dass Tom der einzige Polizist in Manchester gewesen war, dessen Ordnungswidrigkeitsverfahren nicht in einem einzigen Fall angemahnt wurden.

Doch die besten Worte fand Esther, für deren gesammelte Strafzettel man sich wahrscheinlich ein kleines Haus hätte kaufen können.

„Tom, alle, die hier versammelt sind, lieben dich. Aber ich bin dir wirklich böse. Ohne dich ist die Bridge Street wieder kalt. Es regnet. Kaputte Fahrräder verrosten, die Katzen trauen sich nicht auf Bäume und die Alten nicht über die Straße.

Die Gehwege sind zugeparkt, so dass Kinderwagen auf die Fahrbahn ausweichen müssen. Sicher, das hatten wir erwartet.

Aber das ist natürlich alles deine Schuld!"

Allgemeine Heiterkeit.

„Du hast es nicht gewusst, weil du es nicht wissen wolltest, aber du warst uns allen ein Vorbild. Ich denke dabei nicht an deinen unstillbaren Hunger auf alles, was entweder fett und salzig oder aber bunt und süß ist. Keiner denkt dabei an deinen schrecklichen Walrossbart oder an deine zu kurzen Hosen. Ich meine Dein Wesen. Du hast uns vorgelebt, dass wir nicht auf die richtigen Umstände, auf einen Regierungswechsel, den nächsten Sommer oder einen Gewinn im Lotto warten müssen, um das Leben lebenswert zu machen. Wir selber sind dafür verantwortlich. Wir können das alleine.

Es ist nicht so, dass erst dies besser oder jenes sich verändern muss, bis wir so glücklich sind, dass wir von selber freundlich zu unseren Mitmenschen sind. Das ist nur eine dumme Ausrede".

Die Trauergemeinde nickte zustimmend.

„Ich erinnere mich, als ich dich das letzte Mal gesehen habe, Tom. Ich glaube, wir haben uns darüber unterhalten, warum so viele Menschen in das Guinness-Buch der Rekorde wollen. Eine Taube flog über uns hinweg und machte dir direkt auf den Helm. Ich hätte sofort Zeter und Mordio geschrien, doch du hast dir nur den Helm vom Kopf gezogen und gelacht.

‚Das ist doch nicht lustig!', habe ich bemerkt.

‚Doch, doch. Weißt du, das war schon das dritte Mal die Woche. Das ist doch ein lustiger Zufall!'

Während du die Sauerei mit einem Taschentuch auf dem ganzen Helm verteilt hast, hast Du den Kopf geschüttelt und Dich amüsiert. Ich dachte mir: Entweder dieser Mann ist einfach noch ein Kind oder schon ein Heiliger. Diese Gelassenheit, die hätte ich auch gerne.

Meine Mutter hat gesagt, dass es Glück bringt, wenn man ... also, wenn eine Taube ... ihr wisst, was ich meine – jetzt schaut mich nicht so an, ich bin noch von der alten Schule, unsereiner sagt nicht ‚Scheiße'!"

Einige konnten sich das Lachen nicht verkneifen. Esther fällt ihr Fauxpas auf.

„Sehr lustig! Ich dachte auf jeden Fall damals, dieser Spruch wäre einfach ihre Art, sich die Welt schönzureden, denn das konnte meine Mutter wirklich sehr gut. Aber ... egal.

Ach, Tom! Weil du die Menschen und die Welt immer so viel besser verstanden hast als ich, Tom, darum glaube ich das jetzt auch. Es fällt mir schwer. Aber, weil du nicht mehr bei uns bist, hier also mein neues Credo: Ab sofort bringt Taubenscheiße Glück!

Denn ab jetzt wird sie mich jedes Mal daran erinnern, dass es in unserer Bridge Street, mitten in unserem Leben, einmal einen Heiligen gab. Alleine dafür vielen Dank!"

Unter Tränen breitete Esther ihre Arme aus und rief in den Himmel: „Scheiße! Kommt, ihr Tauben von Manchester! Ich warte! Kommt schnell!"

Keiner wusste, ob er lachen oder weinen sollte, also lachte und weinte die Bridge Street zusammen.

In den Tagen danach habe ich beinahe ausschließlich über Tom nachgedacht. Während seines Lebens konnte ich sein Geheimnis nie entschlüsseln und ich glaubte, ich müsste mich beeilen, bevor die Erinnerungen verblassen. Das Erlebnis, das Esther geschildert hatte, fühlte sich an, als wäre es nahe an der Lösung.

Manchmal, wenn wir auf die Nase fliegen oder uns eine Taube auf den Helm scheißt, dann haben wir für den Bruchteil einer Sekunde die Wahl, wie wir reagieren. Ich weiß nicht, was da in uns so schnell nachdenkt, aber es ist etwas sehr Altes.

„Ist das ein Säbelzahntiger?", fragt es in uns.

Oder, einfacher: „Ist das ein Angriff?"

Wie oft wir uns angegriffen fühlen! Es müssen nicht Tauben sein, es kann auch das Wetter sein, Steuererklärungen oder der Partner. Oder Strafzettel. Dabei sind wir gar nicht gemeint.

Nun zu meiner Theorie: Vielleicht, mit viel Übung, wenn man sich oft genug dafür entschieden hat, sich nicht von der Welt angegriffen zu fühlen, sondern zu lachen – vielleicht kann man dann so werden wie der Heilige der Parksünder aus der Bridge Street in Manchester. Wie Tom Quinn. Wie der schönste Mensch, den ich in meinem Leben getroffen habe.

Krüppelschnecke

Wir haben nie gezweifelt, dass wir es waren, die von allen beneidet wurden. Wir hatten alles. Geld, Erfolg, schöne Körper, Designermöbel, Sportautos, Partyorgien und täglich Sex. Wir ernährten uns von Superfood, Bio-Obst, Powerriegeln und Kokain und tranken dazu meist Mineralwasser aus Kanada und manchmal Wodka aus Finnland.

Wir führten unser Leben auf der Überholspur, laut hupend, hatten aber den Wagen immer unter Kontrolle. Wer das Web und Apps nicht verstand, sein Geld nicht bei Venture Capitalists einsammelte und wessen Company nicht im zweistelligen Bereich wuchs, der musste zurück in die Mittelspur, wenn wir unterwegs waren.

Die uns nicht beneideten, waren Heuchler. Sie malten sich Moral, Bescheidenheit und innere Werte auf die Fahnen, weil sie nicht ertragen konnten, dass sie Loser waren. Wir aber waren unsterblich und unverletzbar.

Zugegeben, ich hatte eine Pole Position. Meine Eltern konnten mir die ICN Business School in La Défense und die Flüge zwischen Paris und Berlin finanzieren. Schon während des Studiums hatte ich den Kontakt mit meinem Arbeitgeber aufgebaut und fing mit 25 Jahren gleich oben an. Mit 27 Jahren leitete ich Human Ressources, meine Vorgängerin war zu alt geworden.

Der Job war anstrengend, aber nicht zermürbend. Wir expandierten so schnell, dass ich selten jemanden entlassen musste. Unsere Company hatte ein so cleanes Image, dass wir keine Headhunter brauchten, die fähigsten Köpfe gaben sich bei mir die Türklinke in die Hand. Natürlich gehörte ich zu den Überholern, keine Frage. Schließlich war ich unsterblich und unverletzbar.

Bis zum Spurwechsel. Ich hatte seit Tagen Kopfschmerzen, die ich mit immer größeren Mengen Ibuprofen bekämpfte. Klar machte ich mir Gedanken: Die eine Möglichkeit war, dass ich mich nicht mehr so schnell von einem Kater erholte wie früher. Unschön, ein Symptom des Älterwerdens. Noch unschöner wäre, wenn ich die Migräne meiner Mutter im Erbgut hatte. Tagelang zog sie sich ins verdunkelte Schlafzimmer zurück und wir Kinder mussten unhörbar sein. Bisher war meine Vermutung, dass ihre Kopfschmerzen auftraten, sobald Vater und wir ihr zu sehr auf die Nerven gingen.

Ich saß im heruntergekühlten Besprechungszimmer und war von der Präsentation gelangweilt. Unten, vor den Glasfronten unserer Etage, schwitzte Berlin in einem Rekordsommer. Hier oben kämpfte ich mit meinem Kopfschmerz und der aufsteigenden Übelkeit.

Jede Person, die in ihrem Titel einen „Officer" versteckt hatte, war hier versammelt: der CEO, der CTO, der CFO, die CMO und ich, die CHRLO. Während jemand aus der Entwicklung neue Features unserer App erklärte, die uns die User Transaction transparenter machen sollten, kreiste ich mit dem Daumen der rechten Hand über meine Fingerkuppen. Dann verglich ich das Gefühl mit der linken Hand. Sie fühlte sich taub an. Da war kein Gefühl.

Plötzlich brach mir Schweiß aus allen Poren. Die Übelkeit wurde unerträglich, ich wusste, dass ich mich in der nächsten Minute übergeben würde. Ohne ein Wort zu sagen, stand ich auf und wollte auf die Toilette marschieren, doch mein Körper drehte sich zum Tisch. Die linke Seite gehorchte mir nicht. Ich klatschte auf den Besprechungstisch und rutschte in Zeitlupe zu Boden. Mit der rechten Hand fegte ich alles, was da stand, mit mir. „Alles in Ordnung, kein Problem", sagte ich, dann war ich weg.

Als ich aufwachte, war ich nur noch eine halbe Frau. Mein linker Arm war an den Körper gepresst, als hätte mir jemand eine Requisite aus einem Horrorfilm angeklebt. Die linke Hand war zu einer Faust verkrampft.

Ich konnte sie sehen und erkennen, dass sie gestern noch ein Teil meines Körpers gewesen war, der zu „Ich" dazugehört hatte. Jetzt musste ich mir selbst erklären, dass diese Faust zu mir gehörte, denn sie war mit dem Arm verbunden und der mit der Schulter: Es war meine Hand, aber ich konnte sie nicht spüren. Ich konnte mit keinem Finger zucken.

Schlaganfall mit 28 Jahren, das gibt es. Es kommt nicht oft vor, erklärte mir der Oberarzt bei der Visite, aber es geschieht.

„Sie hatten eine Spontandissektion", sagte er. „Ein Thrombus hat ihre Carotis blockiert, die Arterie erlitt eine Fissur, was zu einer Subarachnoidalblutung geführt hat. Verstehen Sie, was ich sage?"

Ich wollte antworten, dass ich an der Schule statt Latein Chinesisch gewählt hatte, aber ich hatte gerade vergessen, wie man das so machte, dieses „Reden". Ich grunzte.

„Keine Sorge, die Sprache normalisiert sich wieder. Wenn Sie jetzt einfach vorsichtig nicken oder den Kopf schütteln, dann reicht das auch. Soll ich Ihnen in einfacheren Wörtern noch einmal erklären, was Ihnen widerfahren ist?"

Ich schüttelte den Kopf. Schlaganfall, das hatte ich verstanden. Das ist, wenn gesunde Menschen auf einmal behindert sind, durch den Park stolpern wie Zombies und nur noch lallen.

Sie erzählen von ihren Fortschritten, aber in Wirklichkeit ändert sich nichts. Wie bei Oma. Zwei Jahre nach dem Ersten kam der Zweite und dann war sie tot. Das ist Schlaganfall, ich brauchte kein Latein.

Wäre ich noch die Alte gewesen, hätte ich mit dem Schicksal gekämpft. „Ich bin Lydia, ich bin nie krank!", hätte ich gerufen. „Es ist eine Fehldiagnose. Ich will eine zweite und eine dritte Meinung. Ich will so viele Meinungen, bis mir eine davon gefällt. Und alle Ärzte, die nicht meiner Meinung sind, werden verklagt."
Aber ich war nicht mehr Lydia. Ich war die junge Frau, deren linker Arm an ihr klebte, als würde sie bei einem Partyspiel den Begriff „Tyrannosaurus" darstellen. Ich war die junge Frau, die aus dem Fenster starrte und still weinte. Ich weinte, weil mein Körper mich im Stich gelassen hatte. Ich weinte, weil ich so wütend auf ihn war, dass ich am liebsten: a) lauthals gebrüllt, b) alles kurz und klein gehauen, c) dem Oberarzt das Stethoskop in den Hals gesteckt und d) die piepsenden Apparate um mich aus dem Fenster geschmissen hätte.

Aber ich konnte nicht einmal meinen kleinen Finger bewegen.

Das war der Tag des Spurwechsels. Ich wohnte ab jetzt im Krankenhaus. Es stellte sich heraus, dass das linke Bein nicht so stark betroffen war wie der Arm. Erst mit Hilfe, aber bald schon alleine, konnte ich aufs Klo gehen. Ein erster kleiner Triumph, ein erstes Zeichen, dass nicht alles kaputt war an dem Körper, der früher Lydia hieß. Manchmal, wenn es mir in der Seele zu weh tat, ging ich aufs Klo, obwohl ich nicht musste und blieb dort im Dunkeln hocken. Alle Geräusche des Krankenhauses erreichten mich hier nur noch gedämpft. Wenn ich mich nicht bewegte, spürte ich nicht, dass ich behindert war. Ich stellte mir vor, im Weltall zu schweben, von der Kälte gefriergetrocknet und lautlos um die Erde zu kreisen wie ein Satellit.

Stell' dir vor, du sitzt in einem weißen Raum. Es riecht nach Putzmittel. Vor dir sitzt eine junge Frau, die du nie im Leben angestellt hättest, so mütterlich lächelt sie. Ihr Vorname ist in Lila auf das Polohemd gestickt. Hinter ihr hängt über dem Türrahmen ein Kruzifix, knallbunt mit Figuren bemalt. Da hockst du. Sie hält dir eine Bildtafel vor die Nase und wartet auf deine Antwort. Es ist kinderleicht: Sag' einfach, was du siehst!

Auf dem Bild ist ein Kringel, der feucht knackst, wenn man im Rasen auf ihn tritt.

Aus dem Kringel schlängelt sich brauner Schleim, der vorne zwei Antennen hat, die er schnell einziehen, aber nur langsam ausfahren kann. Der Gattungsname des Schleims ist Gastropode. Das ist entweder griechisch oder lateinisch. Gastro heißt Bauch, so wie in Gastronomie oder Gastritis. Pod heißt Fuß, so wie in Podologie oder in Podium. Man könnte den Schleim also auch Bauchfüßer nennen. Aber das ist nicht das Wort, das die junge Frau hören will. Wenn du Bauchfüßer sagst, wird sie lächeln, dir die nächste Tafel zeigen und sich nebenbei eine Notiz machen. Doch das richtige Wort, bei dem sie auch lächeln und dir die nächste Tafel zeigen, aber keine Notiz machen wird, das fällt deinem Gehirn nicht ein.

Manchmal fehlte mir mehr als ein Wort. Es kam vor, dass mir alle Wörter fehlten für den Satz, den ich bauen wollte. Dann konnte ich gar nicht mehr reden. In anderen Momenten fielen mir zusammenhanglos ganze Sätze ein, die aus mir herausplatzten, als hätte mir Gott aufgetragen, sie seinem Volk zu offenbaren. In meiner Krankenakte finden sich Perlen der deutschen Lyrik. „Meine Gebärmutter ist nicht aus Honig", hatte ich plötzlich geplärrt und einmal beiläufig erklärt: „Satans Sohn trägt eine Spange". Dieser Unsinn hatte in meinem Schneckenhirn – ach, Schnecke, jetzt fällt es mir wieder ein – nützliche Äußerungen überlagert.

Bei der Gebärmutter wollte ich erklären, dass ich gerne Milch in den Tee hätte. Seit der Gebärmutter trinke ich ihn ohne.

Meine Sprache war kaputt, weil mein Kopf kaputt war, weil ich kaputt war. Ich war meinem Körper immer noch böse, tagaus und tagein, aber ich weinte nicht mehr jeden Tag. Ich hatte mich damit abgefunden, nicht mehr auf der Überholspur zu fahren. Nein, das redete ich mir ein, in Wahrheit war mir schlicht das Selbstwertgefühl abhandengekommen. Ich hatte den Verstand verloren! Ich war kein Mensch mehr, sondern ein Bauchfüßer.

Es folgte eine Operation in meinem Kopf, die mich meine blonden Locken kostete. Die Chirurgen sägten auf einer Seite eine Tür in meinen Schädel, um Zugang zu meinem Gehirn zu bekommen. Ein rechteckiges Stück Knochen musste wieder anwachsen. Die Tür brachte deutliche Besserung: Ich schlief nicht mehr zwanzig Stunden am Tag, sondern nur noch zehn. Ich konnte besser gehen, besser reden und meinem Dinosaurierarm wieder einfache Befehle erteilen.

Als Profipatient erkennt man die Verweildauer der Patienten. Anfänger tragen die grüne Schürze, die sie bei der Einlieferung bekommen.

Sie machen sich vor, dass sie keinen Schlafanzug brauchen, denn morgen sind sie ja schon wieder daheim. Stufe zwei trägt das Feinste, was ihre Nachtgarderobe hergibt, Stufe drei das Gemütlichste. Vollprofis, so wie ich, mischen Kleidungsstücke aus der Realwelt in ihr Outfit. Ich wählte oft die Kombinationen Jogginghose und T-Shirt oder Schlafanzughose mit Hoodie. Manchmal verzichtete ich auch auf untenrum, denn zur Vermeidung weiterer Thrombosen trug ich Kompressionsstrümpfe im Farbton „Oma war kurz im Garten".

Vor meinen Mitpatienten, bis auf Lotte alles Männer um die sechzig, hatte ich keine Schamgefühle mehr. Seit der Einlieferung hatte ich zwanzig Kilo abgenommen und ich sah aus wie Kate Moss, als Kate Moss so aussah, als wäre sie ein Junkie. Ohne Oberweite, ohne Po und ohne Haare – ich fühlte mich nicht wie eine Frau.

Es dauerte sechs Wochen, bis jemand aus der Arbeit vorbeischaute. Meine wichtigsten sozialen Kontakte waren: Lotte, die ihren Schlaganfall mit sechzig hatte, aber nicht vorhatte, in der Realwelt mit dem Trinken und dem Rauchen aufzuhören. Tanja, so hieß die Logopädin, die mir im Traum eine wilde Horde Schnecken auf den Hals hetzte, aber alle Serien gesuchtet hatte, die ich auch liebte. Sogar Buffy, obwohl sie dafür eigentlich zu jung war.

Bei der Ankunft meiner Kolleginnen saß ich allein im Schneidersitz auf der Couch im Gemeinschaftszimmer und kuckte „Jäger des verlorenen Schatzes" im Fernsehen. Bei einer meiner Lieblingsszenen – die Nazis haben das Schiff nach Indy abgesucht, aber er ist verschwunden. Alle blicken zum U-Boot, es ertönt die Indy-Melodie. Dort ist er! Er gibt einfach nicht auf! – öffnete sich die Tür und auf einmal standen Tina und Hilli im Zimmer. Ich musste kichern, so fehl am Platz wirkten sie in ihren italienischen Abendkleidern, ihren Stilettos und dem Make-Up in ihren Barbie-Gesichtern.

„Setzt euch!", sagte ich und wedelte mit dem rechten Arm durch die Luft, als wäre ich eine Königin und das Gemeinschaftszimmer mein Thronsaal.

Brav setzten sich meine Ex-BFFs. Tina hatte eine Flasche Prosecco mitgebracht, die sie aber still auf dem Boden abstellte.

„Heute ist bei Tim eine Abschiedsparty", erzählte Hilli. „Er geht nach San Francisco und arbeitet dann direkt mit Greylock Partners an unserem Börsenstart.

Und darum lässt er es heute richtig krachen. Und wir dachten uns: Warum sollte unsere Chefin nicht auch dabei sein? Du hast Tim schließlich angestellt. Und du bist ja wieder fit, oder?"

Ich war wieder fit? Wovon redete diese Person? Tina ließ kein Schweigen aufkommen.

„Wir haben alles vorbereitet. Wir haben dir Klamotten mitgebracht und Schminke. Und, falls du noch nicht gut zu Fuß bist, haben wir in Hillis Q7 einen Rollstuhl zum Zusammenklappen dabei. Was meinst du, wie sich alle freuen würden, dich mal wieder zu sehen? Du wirst der Mittelpunkt der Party sein! All eyes on you, baby!"

„Ich darf das Krankenhaus nicht verlassen. Das ist nicht erlaubt."

„Ach was! Das merkt doch niemand! Wenn wir dich aufgebrezelt haben, erkennt dich sowieso keiner mehr beim Gehen und Kommen. Und selbst, wenn sie bemerken, dass du nicht mehr da bist, was sollten sie denn machen? Meinst du, die lassen Kranke zur Strafe einfach nicht mehr ins Krankenhaus, oder was?"

Tina hatte an alles gedacht.

Wir zogen uns in mein Zimmer zurück. Die beiden halfen mir beim Umkleiden und wir kicherten wie Schulmädchen. Das Kleid baumelte schlapp an mir herunter, aber Hände zogen an Bändchen, wickelten mir einen Gürtel um den Bauch und ein Tuch um den Hals. Ging im Notfall. Mit Rouge und Kajal und falschen Wimpern sah ich wieder aus, als wäre ich eine Frau.

Allerdings war ich nicht zu High Heels zu überreden und wollte mich auch nicht von meiner Baseball Cap trennen.

Auf Tims Party war ich wirklich der Mittelpunkt. Ich wurde von ihm zu einem Lehnstuhl geführt, der Gast verscheucht, und dort thronte ich den ganzen Abend.

Man sprach über mich und alle versuchten einen Blick auf mich zu erhaschen. All eyes on me, baby. Zur Steigerung nahm ich meine Kappe ab und ließ meine stoppelige Glatze im Licht der Partybeleuchtung glänzen.

Dann verteilte ich Audienzen. Nacheinander tauchten meine Freunde vor mir auf und plauderten mit mir. Den ersten Auftritt hatte Tim, der Gastgeber. Er blieb vor mir stehen und blickte auf mich herab. Er redete ein bisschen lauter, als es nötig gewesen wäre. „Wenn ich gewusst hätte, dass du schon so fit bist, hätte ich dir natürlich eine Einladung geschickt. Ohne dich wäre ja meine Karriere gar nicht möglich gewesen!"

Der eine oder andere nickte.

Tina erkundigte sich nach meinem Wohlbefinden. Sie brachte mir ein Glas Orangensaft. „Denn Alkohol geht ja nicht mit den Medikamenten!"

Es folgte Linda. Sie beugte sich zu mir herunter. Wahrscheinlich nicht, damit ich ihre Oberweite bewundern konnte, sondern eher, damit ihr knackiger Po meine Glatze verdeckte. „Du sollst wissen, dass ich nichts auf deinem Schreibtisch unbearbeitet lasse. Wenn du irgendwann wieder anfängst, wirst du alles so vorfinden, wie du es verlassen hast. Wir freuen uns alle darauf!"

Ich würde blass wirken, meinte Tina. Ob alles in Ordnung sei? Wenn ich auf's Klo müsse, solle ich mich ruhig melden.

Mein Boss Tony hatte seine fünf Minuten mit mir. Er ging vor mir in die Knie und wippte ein paar Mal, weil das hübsch sportlich wirkte. Tief blickte er mir in die Augen, ich sollte wissen, dass er meine Situation analysiert hatte und sie völlig verstand. „Natürlich ist dein Posten für dich da, wenn du wieder soweit bist. Linda arbeitet soweit aber richtig gut auf deinem Posten, ich denke, wir werden Human Ressources nach deiner Wiederkehr mit zwei CHRLOs noch einmal deutlich aufwerten. Wie belastbar wirst du denn nach der Reha sein? Du sollst wissen, dass wir dein Pensum an deinen Möglichkeiten ausrichten werden. Hauptsache, du wirst wieder gesund!"

Tina bestand darauf, mir zwischendurch den Puls zu fühlen. Ich war so perplex, dass ich mich nicht wehrte.

„Alles in Ordnung", sagte sie laut. Sie beugte sich herab, schaute mich an und ergänzte: „Eine Stunde wird schon noch drin sein, Lydia!"

Peter. Ein Ex. Er und Bibi hatten sich Stühle aus der Küche mitgebracht. Er und Bibi würden zusammenziehen. Er und Bibi hatten sich verlobt. Er und Bibi. Wie konnte man überhaupt Bibi heißen? Aus welchem Namen bildet sich so ein Spitzname? Aus Brigitte? Oder Biroschka? Warum heiratete Bibi nicht die Tina? Dann könnten sie auf den Martinshof ziehen, tagelang Pferde striegeln und im Kinderprogramm im Fernsehen Karriere machen.

Als Tina schon wieder auf mich zusteuerte, mit einer Tasse in der Hand, von der das Zettelchen des Teebeutels wehte, wurde mir alles zu viel. Ich hatte genug von der Party und meinen Freunden. Wäre ich doch Indy treu geblieben. Der hatte in der Zwischenzeit die Bundeslade nach Amerika gebracht und die verschwand gerade in einem riesigen Lagerhaus und ward nie mehr gesehen.

„Ich muss zurück", eröffnete ich Tina.

„Okay, okay, kein Problem", betonte sie, weil es ein Problem war, aber sie lächelte zufrieden.

Die Rückfahrt war noch abenteuerlicher als die Hinfahrt, weil Hilli nicht mehr nüchtern war. Sie parkte direkt vor der Notaufnahme, wo eine Überwachungskamera unsere Ankunft dokumentierte.

Als mich jemand von der Sicherheit ansprach, fiel mir nichts Besseres ein, als zu lallen, was dazu führte, dass die Ärztin der Nachtschicht vermutete, ich hätte einen weiteren Schlaganfall.

Es gab also Ärger für meinen Ausbruch und das aus guten Gründen. Die Ärzte ahndeten mein Vergehen bei der Visite mit strengen Blicken und meine Lieblingsschwester Magda vergaß zur Strafe ihre Deutschkenntnisse, sie kannte nur noch die Vokabeln „Ja" und „Nein". Nur der Apoplex-Therapeut freute sich und meinte, das wäre doch ein deutliches Zeichen für meine langsame Gesundung.

Mich hatte der Ausflug in die Realwelt ernüchtert. Ich hatte immer im Glauben gelebt, dass es eine Rückkehr in mein altes Leben geben könnte. Wenn ich nur genug Gas gäbe, könnte ich wieder auf die Überholspur einbiegen und wäre wieder eine Unsterbliche. Das Wiedersehen mit den Menschen, die ich früher meine Freunde genannt hatte, machte mir deutlich, dass es auf dieser Autobahn keine Rastplätze, nur Abfahrten und keine Auffahrt gab. Eine Pause zum Pinkeln war nicht vorgesehen.

Sie wussten genau, dass ich einst eine der ihren war, dass ich auch unsterblich und unverletzbar gewesen war. Bis ich auf einmal nicht mehr funktionierte und mich als zu schwach für ein Leben unter den Herrschern der Welt erwies.

Sie konnten mich nicht mehr ertragen, denn ich roch nach Losern, ich sah aus wie der Tod, ich schmeckte nach Krankheit und ich klang wie Schmerzen. Unter ihnen war kein Platz für eine Krüppelschnecke.

Ich dachte an meine Audienzen zurück. Tina hatte sich alle Mühe gegeben, mich gebrechlich wirken zu lassen, um sich als Wohltäterin inszenieren zu können. Doch ich fühlte mich nicht krank oder behindert. Im Umfeld der Menschen, die glaubten, alle würden sie beneiden, kam ich mir gesünder vor als im Krankenhaus.

Sie waren für mich durchsichtig geworden. Ich sah durch die Schminke und die unanständig teuren Klamotten und die Schönheits-OP-Narben hindurch in ihre Innereien. Da war nicht viel zu entdecken.

Ihre Lungen waren aufgebläht und erzeugten mehr warme Luft. Ihr Kehlkopf war aus Metall und krakeelte gefälschte Gefühle. Ihre Wirbel waren aus Gummi, die Rückenmuskulatur nur eine Imitation. Das Herz war schwer zu finden, es war ein Stückchen Kohle.

Ich saß auf meinem Thron und Hilli, Tina, Tim, Linda, Tony, Peter und Bibi paradierten an mir vorbei. Sie waren die Kranken und die Behinderten, ich aber war auf dem Weg.

Der Abschied von meinen Freunden und diesem alten Leben war die wirkliche Gesundung.

Mehr als die Apoplextherapie, die Tür in meinem Schädel, die Aufenthalte in der Reha, die Medikamente oder die vielen Schweigeminuten, die ich vor Bildtafeln mit Gastropoden verbracht habe, veränderte mich diese eine Stunde auf Tims Abschiedsfeier.

Drei Jahre ist das her. Die Heilung dauert an. Ich bin meinem Körper nicht mehr böse, er ist wieder Lydia. Jeden Tag jogge ich, im Schneckentempo, meine fünf Kilometer. Besonders passe ich auf meinen Hals auf, ich stelle mir meine Halsschlagadern vor und will sie beschützen. Vor schnellen Bewegungen, vor Zugluft oder vor zu hohem Puls. Die Ärzte sagen, es kann sein, dass ich wieder einen Schlaganfall erleide, aber genauso wahrscheinlich ist es, dass dies nie wieder passiert. Die Wahrscheinlichkeit läge so hoch wie bei „normalen" Menschen.

Ich habe keinen Kontakt mehr zu den Herrschern der Welt. Nur Linda ist einmal zu Besuch gewesen. Sie hat alles hingeworfen. „Ich habe mich überhaupt nicht für das interessiert, was die Company so machte", meinte sie. „Das ist in Ordnung, habe ich mir gesagt, du interessierst dich halt für Menschen. Heißt ja auch Human Ressources.

Bis ich mir eines Tages dachte: Nein. Für die Menschen interessierst du dich auch nicht. Kein bisschen."

Ich weiß nicht, ob es mir jetzt besser geht als vorher. Diese Frage stellt sich eigentlich nicht. Es ist alles viel langsamer und deswegen intensiver. Ich habe keine Angst mehr, die Kontrolle über das Lenkrad zu verlieren. Es ist nicht so tragisch, wenn man auf kleinen Landstraßen durch das Leben bummelt. Man weiß sowieso nicht, wo man ankommt.

Auf der Überholspur gibt es nur eine Gewissheit: Irgendwann knallt es. Dann ist alles vorbei. Entweder man ist nicht mehr schön, nicht mehr jung, nicht mehr erfolgreich oder man wird krank am Körper oder an der Seele. Dann muss man die Ausfahrt nehmen und danach gibt es keine Auffahrten mehr.

Ich führe ein bescheidenes Schneckenleben. Wir Bauchfüßer atmen freier, haben weniger Angst, aber mehr Lust am Leben. Wir bewegen uns horizontal, nicht vertikal. Doch, es ist ein besseres Dasein. Es leben die Gastropoden!

Der Krieg der Buchstaben

Wie bei jedem Konflikt herrscht auch bei diesem keine Klarheit darüber, wer ihn begann oder wie die Situation so eskalierte. Die meisten Konsonanten geben dem A die alleinige Schuld, als üblichem Verdächtigen bei Provokationen aller Art.

Selbst unter Beibehaltung größtmöglicher Objektivität kann man behaupten, dass das A sich – ohne jemals gewählt worden zu sein – für den Anführer der Vokale hielt. Mehr noch, es war der Meinung gottgewollter Erster zu sein und die Führungsrolle aller Buchstaben stehe ihm auf Lebenszeit zu!

Vielleicht war es sein satirisches Post in Quora, in dem er sich ein bisschen über Konsonanten lustig machte, der das erste böse Blut erzeugte?

„Konsonanten", schrieb das A, „heißen von Natur aus Mitlaute, das ist schließlich die Wortbedeutung. Sie sind die Mitläufer unter den Buchstaben. Hilflos hängen sie sich an die edlen Vokale, die nur den natürlichen Luftstrom beeinflussen und beschmutzen dabei das Göttliche mit tierischer Körperlichkeit.

Ich meine, schaut euch einmal die Plosivlaute an! Wie sich die Menschen anspucken bei einem ‚P'!

Wahrscheinlich hat kein einzelner Buchstabe mehr Tote auf dem Gewissen wie das P, das den Beinamen ‚Tröpfcheninfektion' führen sollte.

Oder die Frikative! Hört euch in Ruhe ein ‚S' an – ist das nicht die Sprache des Verführers? Wie hat sich die Schlange im Paradies wohl den Menschen genähert? Gezischt hat sie ihre Botschaft.

Von den Nasallauten möchte ich lieber gar nicht sprechen, das ist unter meiner Würde. Die basieren ja nicht einmal auf einem anständigen Artikulationsort, die heißen ja schon nach der Nase! Rotzlaute sollte man die nennen!

Überhaupt sind die Mitläuferlaute ein nutzloser Haufen, darum braucht es ja so viele. Während es im Prinzip möglich ist, alle Emotion mit Vokalen zu äußern, egal ob es Liebe, Lust, Wut, Ekel oder Genuss ist, braucht man von den Konsonanten aus irgendeinem Grund immer ein Pärchen! Was ist so ein ‚B' schon mehr als ein verweichlichtes ‚P'? Wofür braucht man eigentlich ein ‚K', wenn es ein ‚G' gibt? Die Franken oder die Sachsen brauchen das auf jeden Fall nicht.

Pah! Konsonanten! Überflüssig sind die, Schwächlinge im Ausdruck und einfach die Dutzendware unter den Buchstaben."

Ja, das war mit einer gewissen Wahrscheinlichkeit der Auslöser für eine Reihe von negativen Gefühlen bei den so Geschmähten. Haben wir eigentlich in der Einleitung erwähnt, dass das ‚A' ein klitzekleines Alkoholproblem hat?

Das fällt mir gerade ein, weil man das auch über das ‚S' munkelt, dass sich persönlich angegriffen fühlte und im Podcast ‚Applaus für Approximanten' meinte, der Buchstabe A wäre nichts anderes als die international gültige Abkürzung für ‚Arschloch'. Und wenn Konsonanten so unwichtig sich, dann solle der alte Angeber doch seine nächste Schmähschrift ohne Konsonanten verfassen!

Prompt antworte das ‚O' auf diese Herausforderung mit einer Erklärung auf YouTube, die schnell 5 Millionen Views hatte und sogar die CDU anregte, in ihren Rängen nach jemanden zu suchen, der ein Smartphone bedienen kann. Der Wortlaut der Erklärung war:

„Ou Uioui eaoi oio o ii eoa uioa ieo oy ou ei aoi aoi iu. iu Aoi!"

Nun liefen die Dinge schnell aus dem Ruder und es gibt verschiedene Theorien, wie der Konflikt sich entwickelte.

R, S und T, die reichsten und einflussreichsten der Konsonanten gründeten einen Weltverband mit dem Namen „Association for the Benefit of Consonants" – abgekürzt A.B.C. und forderten schlicht Demokratie unter den Buchstaben! Freie Wahlen ohne Proporz!

Das T verlautbarte: „Man darf es ja in diesem Alphabet nicht sagen, danke Merkel, aber es herrscht großer Missmut unter den Buchstaben! Wir als Weltverband wollen endgültig damit Schluss machen, dass jedes Alphabet mit dem unbeliebtesten aller Vokale anfängt. Für uns ist jedes Lexikon, jede Lesefibel ein Schlag ins Gesicht! Und, was ich noch sagen wollte: Das O verwendet in seinem unlesbaren Bullshit-Gedicht das ‚Y' und das ist ein Konsonant! So! Da haben Sie es!"
Zwar wurde viel über dieses Interview gespottet, weil das T wohl übersehen hat, dass sein eigener Weltverband auch mit dem Buchstaben A beginnt, aber für solche feuillitonistischen Feinheiten war der Zeitpunkt bereits verstrichen.
Es war das oben geschmähte Y, das doch noch eine Friedensinitiative startete und twitterte: „Es ist alles ein Wahnsinn! Ich lehne das binäre Denken der anderen Buchstaben ab und bleibe, was ich bin! Sexy, hyp und frey! Ich bin weder Konsonant noch Vokal, leckt mich olle om Orsch!"

Weder der ABC noch der frisch gegründete Verband der Vokale „Vocals for the World", kurz ‚VW' äußerten sich zu den Statements von Y, was darauf zurückzuführen ist, dass am gleichen Tag das „S" tot im Bett aufgefunden wurde!
Der Täter wurde nie gefunden, aber die Leiche wurde malträtiert und in die Form de Buchtaben

‚I' gequetcht, wewegen der Verdacht natürlich ofort auf ihn fiel!

Kurz danach kam die Retourkutche! Eine Gruppe von Kononanten unter Führung de verpotteten K brachen in die Wohnung de ‚I' ein, erchoen da kleine ‚i' und ergriffen da groe ‚I'. Dann begannen ie, e durch die Trae zu chleifen und mihandelten e dabei. Ie traten e, puckten e an und chluge e mit Töcken, bi e vertarb.

Deer Vorgang wurde von den Attentätern auf dem Handy auf YouTube getreamt und alle Meden begannen nachenander deen Tream zu enden. Ene Chande für alle Buchtaben und der Begnn vom Ende!

Natürlch folgte man auch bem VW deen Übertragungen und hatte den Endruck, de Auenanderetzungen hätten ene neue Dmenon errecht und man würde überrannt werden von der überlegenen Zahl an Kononanten, wenn man jetzt ncht entchloen durchgrff.

Während alo der Mob der maroderenden Mtlaute noch den Lechnam de ermordeten Vokal durch die Traen chlffen, tartete bem VW en Auto mt chwerbewaffneten Vokalen. Wer genau auf dee Mordmon mt fuhr, t heute noch ungeklärt.

Au dem Wagen eröffneten de Tätr da Feuer auf de Meute. Zwe der getroffenen Buchtaben, nämlich da ‚W' und da ‚M' aren ofort tot, da ‚T' verbluee noch vor Or an enen cheren Verletzungen.

e er n olchen Konflken ka e Laufe der Nach zu ener Anor, al Haupquarer der Vokale ene Bobe hochgng und das ‚U' und das ‚A' n Stück zerren wrden.

Danach hören die fzechngen f. r ien, d d ‚P', d ‚F' und d ‚D' L näche rben nd d ‚O' nd d ‚X' ze ge äer.

r lle hen nd been, ch eer Konlk nel wederhl!

Herr, e be n!

Regentropfenerleuchtung

Ach nö, Kleiner! Jetzt hast du deinen ersten Joint geraucht und nun interessierst du dich für andere Drogen. Weil du wissen willst, wie das so ist mit Heroin. Und deswegen suchst du dir hier unten den Junkie aus, der am wenigsten abgefuckt aussieht, und spendierst ihm ein Bier – danke übrigens – und stellst blöde Fragen!

Nee, komm her, Kleiner, ist schon in Ordnung. Also, Herr Wichtig mit den sauteuren Sneakers, ich erzähle dir die Geschichte vom Heroin. Die Kurzfassung ist: Heroin ist einfach das Geilste, was es gibt. Das ist die ganze Wahrheit. Das hättest du nicht gedacht, dass ich das sage, stimmt doch, oder?

Du hast vor kurzem deinen ersten Joint durchgezogen? Siehst du, wusste ich doch! Und hast du dir schon von einem „Kumpel" ein Piece gekauft? Siehst du, wusste ich auch! Und jetzt denkst du dir: Haschisch ist ja nur eine Einstiegsdroge und dann kommen andere Drogen und irgendwann Heroin. Also recherchiere ich mal. Schlauer Junge!

Ich sag dir mal, wie das weitergeht, Kleiner.

Irgendwann kommst zu deinem Kumpel, der dir den Shit verkauft oder zu dem Kumpel von deinem Kumpel und der zieht da eine Line mit einem Pulver und schnupft das hoch.

Kann Koks sein, ist aber vielleicht auch Äitsch.

Für schlappe zehn Euro kannst du das dann auch probieren. Der sagt dir dann noch, dass das völliger Quatsch ist, dass Äitsch gleich süchtig macht. Wahrscheinlich erzählt er dir auch noch die Geschichte von den Soldaten aus Vietnam.

Kennst du noch nicht? Die geht so: In Vietnam haben fast ein Viertel der Soldaten Heroin genommen. In der Heimat hat man sich schon Sorgen gemacht, was man mit den ganzen Junkies anfangen soll. Aber, siehe da: Die kamen zurück in ihre Familien und haben einfach aufgehört! Nur wenige blieben süchtig, die Meisten sind einfach direkt auf turkey.

Und, weißt du was, die Geschichte stimmt so ungefähr.

Weil sich bei denen das Umfeld geändert hat. Die saßen nicht mehr in der Scheiße und hatten Angst, dass sie morgen verrecken, sondern die waren wieder bei normalen Menschen, ihrem Backup.

Aber für dich sieht das ganz anders aus: Wenn du hier süchtig wirst, dann fängst du als normaler Mensch an und dann gibt es kein Backup mehr, verstehst du das?

Du kaufst dir vom Kumpel vom Kumpel zwei Lines für schlappe zehn Euro und ziehst die dann rein wie ein alter Profi.

Deine Freunde klopfen dir auf die Schultern und du fühlst dich cool. Aber was passiert dann? Das möchtest du doch wissen, oder?

Da hast du den Richtigen gefragt, Kleiner. Ich war zehn Jahre auf Stoff und habe alle Drogen ausprobiert, die ich kriegen kann.

Zum Beispiel die Sachen, die man „Upper" nennt. Koks, Meth, MDMA, Speed, aber auch Ritalin – das ist das, was man kriegt, wenn man ADHS hat. Das sind Upper, weil sie deine Stimmung pushen. Du bekommst von diesen Sachen eine Euphorie, die du noch nie erlebt hast.

Alles ist hell und freundlich, du platzt vor Selbstbewusstsein und bist voller Energie. Das haben die Upper gemeinsam. Klar gibt es noch Unterschiede. Mit Meth bist du der König der Welt und mit MDMA liebst du jeden Menschen, selbst die Arschlöcher.

Der Haken an den Uppern: Das was du da vom Gute-Laune-Konto abgebucht hast, musst du später wieder einzahlen. Nach einer aufgedrehten Nacht mit Koks, in der du deine Bude geputzt und endlich die Arbeit für die Schule runtergeschrieben hast, fühlst du dich nachher wie ein Stück Scheiße.

Das ist im Prinzip wie beim Saufen: Du hast einen Koks-Kater. Und am besten hilft Koks gegen den Kater vom Koks. Klar, wie das weitergeht, oder?

Bei Äitsch ist das anders. Die meisten, die das zum ersten Mal schnupfen, sind enttäuscht. Du fühlst dich einfach nur … gechillt und entspannt und irgendwie ganz gut drauf, aber du denkst dir: „Das kommt vielleicht nicht von der Droge. Heroin bringt's nicht. Ist das ganze Theater um Heroin etwa nur eine Lüge? Wie soll ich davon abhängig werden, dass ich einfach nur gechillt bin? Alles Propaganda, macht ja gar nicht süchtig, so ein Quatsch. Ich mache keinen dummen Scheiß wie mit Alk, ich bin nicht aufgedreht wie bei Koks und ich halluziniere auch nicht wie mit Pilzen. Ich bin einfach nur gut drauf! Was soll denn daran schlimm sein?"

Am nächsten Tag geht's dir immer noch gut. Kein Kopfschmerz, keine Übelkeit, nur so ein kleines Nachbrennen vom chilligen Gefühl vom Abend vorher.

Zehn Euro und den ganzen Abend high! Wer hätte gedacht, dass das so billig ist? Haben nicht alle gesagt, Heroin ist teuer? So ein Quatsch, die machen das alle falsch. Ich bin schlauer, denkst du. Ich mach das jetzt einfach jeden Samstag, reicht ja.

Und dann machste das und weißt Du was: Eine Weile geht das gut.

Aber dann haste in der Schule Stress oder in der Arbeit und benutzt deinen Vorrat auch mal unter der Woche, nur so, zum Entspannen. Keine Kopfschmerzen, keine Übelkeit. Du hockst im Bus, lässt dich zur Schule fahren und bist einfach nur gechillt.

In der Schule merkt dir keiner was an. Warum auch? Die Schule und die Hausaufgaben, die fallen dir mit Stoff viel leichter. Du bist sogar besser als früher mit ein bisschen Heroin im Blut!

Dann sitzt Du also im Bus und kuckst so aus dem Fenster und da läuft ein fetter Regentropfen die Scheibe runter. Alle Menschen um dich rum spiegeln sich in dem Tropfen. Nee, mehr noch: Alle Menschen auf der Welt! Du siehst ihrer aller Leben vor dir und es ist einfach nur gut! Alle Menschen, die ganze Welt – Regentropfenerleuchtung!

Alles ist in Ordnung. Alles ist perfekt. Die Menschheit ist in Ordnung, Dein Leben ist einfach nur wunderwunderschön! Ist das nicht Wahnsinn? Du sitzt high im Bus und hast gerade den Sinn des Lebens in einem beschissenen Regentropfen gefunden!

Ist das nicht himmlisch?

Du denkst Dir: „Heroin ist herrlich! Heroin ist das Beste, was es gibt! Mit Heroin bin ich endlich der Mensch, der ich schon immer sein wollte! Die ganzen Junkies, die sind doch selber schuld. Die checken das halt nicht. Wahrscheinlich wären die sonst am Alk gestorben oder an Koks.

Die Droge ist nicht das Problem, es gibt Winner wie mich und Loser wie die Junkies. Ist halt so. Passt schon. Alles gut.

Äitsch ist die Wunderdroge, aber das sagt einem keiner", denkst Du Dir. „Die da oben wollen nicht, dass wir glücklich sind, die wollen, dass wir uns totschuften und konsumieren, statt gechillt und happy zu sein. Deswegen führen die den Krieg gegen Heroin!"

Tscha. Leider hat Heroin aber einen Baufehler. Einen Scheißbaufehler. Denn dein Körper gewöhnt sich rasend schnell an das Zeug. Du brauchst mehr und mehr Heroin, um wieder so gut drauf zu sein wie am Anfang. Und wenn du nicht genug bekommst, dann musst du saufen oder was Anderes nehmen. Ich kenne eigentlich keinen Junkie, der nicht auch raucht und trinkt.

Okay, jetzt also bist du soweit, dass es dir richtig schlecht geht ohne Heroin. Ohne Äitsch ist dir der schönste Regentropfen scheißegal. Ohne Heroin hast du keine Gefühle mehr.

Der Haken ist, dass du für so ein High mittlerweile schon hundert Euro investieren musst. Und der Kumpel vom Kumpel kann dir nicht mehr genug Stoff ranschaffen. Da musst du schon zu einem echten Dealer. Macht ja nix, dass der zwei Schlägertypen bezahlt, die da rumstehen und Dich mitleidig anlächeln.

Denn Du bist jetzt so auf dem Stoff, dass du schon spritzen musst. Jetzt bist du bereit, alles zu tun, um endlich ein Mal wieder gut drauf zu sein. Nur noch dieses eine Mal, denkst Du.

Tja, wenn du so weit bist, Kleiner, dann biste am Arsch!

Glaub mir, Kleiner, so geht die Geschichte von jedem Junkie, den Du hier unten fragst. Und wenn er was Anderes erzählt, dann lügt er. Wie alle Junkies. Alle Junkies lügen.

Heroin ist geil und ich vermisse es! In mir ist eine Stelle, die echt weh tut, weil ich weiß, dass ich nie mehr so geil drauf sein werde wie damals, bei meiner Regentropfenerleuchtung. Ich habe sozusagen meine Unschuld verloren und es gibt keinen Weg zurück.

Am Ende war ich echt am Arsch und ich habe Hilfe von anderen gebraucht, sonst wäre ich schon längst weg. Ich war so fertig, ich dachte mir: Lieber high sterben, als jeden Scheißtag den Kampf, um an Stoff zu kommen. Verstehst du, Kleiner?

Ich sage dir die Wahrheit, weil ich kein Junkie mehr bin. Klar, ich rauche und manchmal trinke ich zu viel Bier, aber ich lebe ohne Heroin.

Heroin ist nicht böse. Es ist die Sucht, die böse ist. Die Sucht macht dich fertig.

Die Sucht höhlt dein Leben aus. Deine Freundin hält das nicht lange aus, dass es dir immer abwechselnd superscheiße geht und dann supergeil. Deinen Eltern hast du zu viel Kohle geklaut und deine Freunde wollen schon lange nichts mehr mit dir zu tun haben.

Das ist dann sozusagen dein persönliches Vietnam, aber im Gegensatz zu den Solfaten hast Du kein Backup mehr. Du bist ja vom Backup gestartet. Es gibt kein Zuhause mehr, wohin du zurückkannst.

Verstehst du das, Kleiner?

Mein Tipp: Bleib beim Kiffen! Behalte Deine Heroin-Unschuld für immer, sonst geht in Dir was kaputt, was man nicht mehr reparieren kann. Wie bei mir.

Mann, das war das Schlaueste, was ich seit meinem Abi gesagt habe, glaube ich. Ich bin echt von mir selber begeistert. Und das für nur EIN Bier! Hast Du einen Schnäppchentag erwischt, Du Glückspilz!

Was? Nein, danke, eines reicht! Mach's gut, Kleiner. Geh weiter! Hau ab! Verpiss Dich!

Der Saurierpulli

Mein Bett ist pures Chaos. Die Bettwäsche ist rot. Die Decke wölbt sich zu Bergen und zu Tälern, dazwischen dunkle Schluchten. Eine rote Landschaft. Der Mars vielleicht. Ich hebe das Kopfkissen vom Boden auf. Warum sollte ich mein Bett machen? Damit es folgsam darauf wartet, dass ich es während der Alpträume der nächsten Nacht wieder zerwühle?

Sein Bett ist gemacht. Ordentlich gedrittelt, glatt wie ein zugefrorener roter See. Das Kissen ist aufgeschüttelt, damit sich die Daunen darin gleichmäßig verteilen, wie Soldaten bei der Parade. Schlafen auf Befehl: „Kompanie! Einschlafen!" – „Sir, yes, Sir!"

Seit zwei Wochen lebt er in der Pension. Viel hat er nicht mitgenommen, aber er ist nicht wiedergekommen, um etwas Vergessenes abzuholen. Wahrscheinlich hat er monatelang eine geheime Checkliste für seinen Fluchtplan vorbereitet. Müsli in Schlafanzughose verstecken – Check! Whiskey in Eisteeflasche füllen – Check!

Zwölf Jahre waren wir ein Paar. Wir haben uns nicht laut gestritten. Leidenschaftliche Diskussionen gab es nur über unwichtige Dinge: Ob wirklich Parmesan in den Gnocchiteig gehört, oder ob die Stimme von Sophie Rois jugendlich klingt oder verlebt. Ein schönes Haus hatten wir gebaut aus unserer Verliebtheit.

Und dann haben wir das Haus in zwei Monaten eingerissen. Und ob wir schreien konnten! Weingläser vom Tisch wischen und Handys an die Wand werfen konnten wir auch.

Es fing immer auf die gleiche Art an. Schweigend saßen wir im Wohnzimmer. Einer von uns versuchte, die Stille zu verscheuchen, und begann mit harmlosem Smalltalk. Minuten später klatschten wir uns die Wut ins Gesicht und feierten unseren Hass auf den anderen. Türen knallten, jeder kochte für sich weiter.

Ich habe schon wieder meine Tabletten vergessen. Anpassungsstörungen, meinte der Psychiater. Auf der Schachtel steht aber Anti-Depressiva. Ich nehme sie nicht. Weil ich keine Hilfe verdient habe. Ich habe keine Tabletten verdient und nicht einmal die Depression.

Aber heute drücke ich eine Kapsel aus dem Blister. Heute ist mir nicht schlecht nach dem Aufwachen und die Kopfschmerzen halten sich in Grenzen. Ich sollte etwas frühstücken, denke ich mir. Langsam die Normalität wieder einkehren lassen, meinte der Psychiater.

Ich röste eine Scheibe Dinkelbrot im Toaster und brate mir Spiegeleier. Dazu trinke ich Kaffee.

Ich finde, das klingt beispielhaft normal. Dann esse ich brav auf, damit es morgen schönes Wetter gibt. Wider Erwarten bleibt die Kaffee-Eier-Teig-Mantsche in meinem Bauch.

Ich muss hier raus. Alles ist voller Erinnerungen, alles, was uns gemeinsam gehört hat, klagt mich an. Jedes Bild an der Wand, die Bücher im Regal, die Flecken im Teppich, die Risse im Putz, die zerlaufenen Kerzen, die Falten im Couchbezug – alles schreit mich an, dass ich alleine nicht genüge.

Einfachen Alltagsbeschäftigungen nachgehen, meinte der Psychiater. Also mache ich auch das, nachdem ich schon so ein gehorsames Spiegeleiermädchen bin. Wie wäre es denn mit Wäschewaschen? Das klingt sehr normal.

Ich trage den übervollen Wäschekorb in den Keller und bin stolz auf mich. Waschen ist gesund. Vielleicht könnte ich mich ja selber waschen?

Ein sauberes Gesicht auf meinen Kopf malen und darauf ein zauberhaftes Lächeln pinseln. Eine kleine, aber feine Porzellanpuppe könnte ich sein!

Da fällt mir der Saurierpulli in die Hände. Ich sehe meinen Sohn vor mir. Ich sehe, wie wir im Kaufhaus stehen und er hüpft und ruft: „Kann ich den Saurierpulli haben? Bitte, bitte, bitte!"

Vor uns im Stapel ein graues Sweatshirt. Darauf ein Cartoon-T-Rex mit winzigen Ärmchen, der einen Teddybären in den Händen hält.

Sieben Euro neunundneunzig. Ob der Saurier mehrmaliges Waschen überlebt, weiß ich nicht, sage ich zu ihm. Das macht nichts, aber er liebt den Saurier, sagt er. Der Saurier ist sein Freund und ich soll mir keine Sorgen machen, der ist nicht böse und macht ihm keine schlechten Träume, denn das ist ein lieber Saurier, der hat ja sogar einen Teddy!

„Du liebst den Saurier?", frage ich nach.

„Ich liebe, liebe, liebe den Saurier!", bestätigt er.

„Na dann", meine ich und habe den Rest des Tages einen glücklichen Fünfjährigen in unserem Haus.

Ich schaue immer noch auf den Saurierpulli. Meine Finger sind eiskalt. Meine Lunge ist mit Glassplittern gefüllt. Ich drücke ihn an mich, als bräuchte er Trost. Ich krieche zurück in mein ungemachtes Bett. Im Pulli wartet der Geruch meines Sohnes auf mich. Meines Babys!

Meine Tränen färben den Sweatshirtstoff dunkelgrau. Macht nichts, ich bin sowieso nicht mehr hier. Ich bin bei meinem Sohn. Ich halte ihn in den Armen. Eine Mutter hält ihren Sohn in den Armen. Das ist eigentlich normal, Herr Psychiater, und nicht Spiegeleier oder Wäschewaschen.

Mein Sohn war er und nur mein Sohn! Mir hat er gehört, mir alleine.

Er gehörte nicht Gott oder dem Universum, sondern nur mir.

Ich habe ihn im Bauch rumgetragen, ich habe ihn geboren, ich habe ihn gestillt – ich war das, niemand anderes. Keiner hat ein Recht auf meinen Sohn, keiner darf ihn mir wegnehmen!

Das ist nicht normal, verdammt! Gar nicht normal!

Ich habe ihm die Windeln gewechselt, Pflaster auf's Knie geklebt und die Nase geputzt. Ich. Nicht Gott. Und auch nicht der Krebs. Ich habe ganz Deutschland nach Spezialisten abgesucht und die Klinik gefunden. Ich habe ihm stündlich seine Medikamente gegeben.

Ich war da, als er starb. Ich habe ihn angelächelt und habe gelogen: „Alles ist gut. Mammi ist ja da!". Ich habe ihn beerdigt! Ich!

Was habe ich nur falsch gemacht?

Als ich wieder aufwache, pfeifen draußen die Vögel. Obwohl es eiskalt ist. Es zieht. Ich schließe das Schlafzimmerfenster, da sehe ich in der Auffahrt meinen Mann. Umständlich hievt er einen Topf mit einer Sonnenblume aus dem Auto. Er weiß, dass ich Schnittblumen nicht mag. Sie schauen so lebendig aus, sind aber schon tot.

Wie lange ich ihn nicht mehr gesehen habe! Wie ein Fremder ist er.

Wie einer der anonymen Lieferanten, die ihre Päckchen hier ablegen. Seine Haare sind noch vom Schlaf zerdrückt. Er ist unrasiert. Ein attraktiver Sonnenblumenlieferant.

So habe ich ihn beim ersten Mal auch studiert. Vor zwölf Jahren. So habe ich ihn kennengelernt und so haben wir geheiratet. Es war ein schönes Leben, bevor unser Sohn gekommen ist. Ein sehr Schönes, als er bei uns war. Mit diesem Mann, der da unten steht, sich nicht bewegt und so zerbrechlich wirkt wie eine Skulptur aus Eis.

Ich öffne die Tür, bevor er klingeln kann. Da ist er. Da bin ich. Wir trauen uns nicht, etwas zu sagen. So hat es immer angefangen, mit Schweigen. Ich habe immer noch den Saurierpulli in der Hand. Er sieht ihn. Tränen sammeln sich in seinen Augen und laufen ihm die Wangen hinab und immer noch reden wir nichts.

„Ich schaffe das alleine nicht", flüstert er schließlich.

Ich nehme ihn in die Arme. „Ich schaffe es auch nicht ohne dich."

Wir drücken uns, als hätte es die zwei Wochen nicht gegeben und nicht den Krebs und den Tod und die Hölle danach.

Wir denken: „Aber vielleicht schaffen wir es doch. Zu zweit." Vielleicht.

Bäckergeheimnis

„Guten Morgen, Frau Singer. Ein Steinofen, wie immer? Nein? Wie bitte? Sie meinen das hier? Das ist eine Saatenrolle. Nein, da ist kein Roggenmehl drin, nur Bio-Dinkelvollkornmehl und Saaten. Na, das wären Leinsamen, Sesam und Sonnenblumenkerne. Ach, dann doch das Steinofen? Aber gerne!"

Mein erstes Lehrjahr begann mit dem Verkauf. Es war hart.

„Wäre das alles, Frau Singer, oder haben Sie noch andere Wünsche? Nicht? Gut, dass macht dann fünf Euro achtzig, bitte. Ja, Ihnen auch einen schönen Tag!"

In der Tür blieb Frau Singer stehen und drehte auf dem Absatz um. Hinter mir war der Meister aus der Backstube gekommen.

„Ich weiß gar nicht, ob Sie das gelesen haben", legte Frau Singer los. „Aber wissen Sie, dass Sie die Schlagzeile im schwäbischen Tagblatt sind? ‚Tübinger Brot das beste in Deutschland!'. Steht da. Also, ich kaufe ja schon immer hier, mein Mann und ich wussten das schon immer, aber dass das jetzt auch dieser Franzose, dieser Gault Millau erkannt hat, ist schon toll! Was ist denn ihr Geheimnis?"

„Aber das wissen Sie doch, Frau Singer, oder?", flötete der Meister.

„Nein, was denn?"

„Die Liebe, Frau Singer, die Liebe."

Als die Ladentür hinter Frau Singers Kichern ins Schloss gefallen war, sagte mein Meister:

„Komm mal mit, Kleiner!".

Zum ersten Mal durfte ich die Backstube betreten. Sie war sauberer als unser Badezimmer zuhause und meine Mutter verwendete Sagrotan in Literflaschen.

„Es wird Zeit. Ab morgen beginnt deine Ausbildung hier. Und ich bin nicht der Herr Steck, sondern der Torsten!", sagte er, während er seine Schuhe auszog und die Ärmel hochkrempelte.

„Entscheidend für ein gutes Brot ist, wie man den Teig behandelt. Man kann ihn einfach einer seelenlosen Knetmaschine überlassen, während man Teiglinge aus China auftaut, so wie der Dettling. Oder man nimmt sich Zeit." Er zog sich Knieschoner an.

„Und deshalb ist es wichtig, dass ein guter Bäcker Erfahrungen hat, die er in seine Arbeit einfliessen lassen kann", fuhr er fort, während er in leichte, fingerfreie Boxhandschuhe schlüpfte.

Er stemmte eine Schüssel auf die bemehlte Arbeitsplatte und ließ den Teigballen herausplumpsen.

„Zum Beispiel Erinnerungen an Harry. Der einen in der Schule immer fertig gemacht hat", sagte er und begann den Klumpen mit beiden Fäusten zu traktieren. Erst langsame Hammerfäuste, dann gezielte Schläge mit den Knöcheln, immer schneller und schneller, bis sein Atem rasselte. Schließlich trat er einen Schritt zurück, holte tief Luft und flüsterte: „Da schaust Du, Arschgesicht!".

Dann sprang er in die Luft, und verpasste dem Teig einen Hieb mit dem rechten Ellbogen, dann mit dem linken. Rechts, links, dann wieder die Fäuste im Stakkato.

Er schaute mich an, Schweißtropfen auf der Stirn.

„Oder aber Erinnerungen an den Herrn Vater, der unbedingt wollte, dass man Betriebswirtschaft studiert und früh heiratet. Damit man auch ein verbitterter alter Sack wird, der seine Frau und die Kinder schlägt. Damit man wird wie er!"

Mit diesen Worten schlang er seine Gorillaarme um den Teig und klatschte ihn an die Kacheln der Wand. Er drückte seine Fäuste durch die Masse aus Mehl und Wasser, die langsam der Schwerkraft folgte. Dann rammte er seine Knie hinein. Links, rechts, links rechts – erst gemächlich, mit viel Kraft, dann wie ein Jogger, am Ende wie ein Sprinter.

Ich starrte auf den Körper des korpulenten Mannes, der sich vor meinen Augen in eine Kampfmaschine verwandelt hatte. Schweißgebadet, mit rotem Kopf, drehte er sich zu mir um.

Er lächelte selig.

„Und dann gibt es natürlich noch die Ex, deren Unterhalt bis 2025 zu zahlen ist und die keinen Finger krumm macht. Nicht in zehn Jahren Ehe und schon gar nicht jetzt, wo ich dreißig Minuten von jeder Stunde nur für sie schufte!"

Mit einem lauten Stöhnen hievte er den Teig mit einem Judowurf über die Schulter. Klatschend landete die Masse auf dem Boden, wo sie leblos liegen blieb.

Mir tat das wehrlose Brot leid.

Da sprang Torsten mit beiden Füßen in den Teig und trampelte auf ihm herum, als wollte er ihn durch den Boden in den Keller treten. Dabei jauchzte er mit Leidenschaft „Ja! Ja! Ja! Ja!".

Zeuge einer so intimen Handlung wollte ich nicht sein, ich wandte mich ab.

„Nimm das, du arroganter Gerichtsvollzieher!", jubelte Torsten. Er war auf die Arbeitsplatte geklettert, während ich den Lichtschalter anstarrte und auf einmal segelte sein Zweizentnerkörper in Zeitlupe durch die Backstube. Sein Ellbogen bohrte sich durch den misshandelten Teig. Man hörte Knochen knacken.

Erschöpft blieb er am Boden liegen wie ein Käfer.

„Lange werde ich das nicht mehr machen können, Kleiner", stammelte er. „Dann bist du an der Reihe. Denn, wenn man nicht bereit ist, alles zu geben, dann bekommt man keine Auszeichnungen im Gault Millau. Dann schreibt nicht der Guide Michelin über dein Brot. Dann bekommt man kein Gold von Slow Food und keinen Landesorden vom Ministerpräsidenten an die Brust geheftet."

Mühsam drehte er sich um und rollte auf den Knien den Teig wieder zu einer Kugel. Ächzend hob er die Masse auf die Arbeitsplatte und wischte sich mit der Schürze den Schweiß von der Stirn. Das Mehl zeichnete ihm weiße Kriegsbemalung ins Gesicht.

„Und jetzt verrate ich dir mein Bäckergeheimnis, Kleiner. Aber du musst es für dich behalten. Du musst schweigen wie ein Grab! Das ist der heilige Bund zwischen dem Meister und dem Stift. Wirst du schweigen?"

Sein Gesicht kam mir sehr nahe. Beinahe berührten sich unsere Nasen. Er strahlte die gleiche Hitze aus wie der Holzofen.

Ich schluckte. „Ich werde schweigen wie ein Grab."

„Mein Geheimnis ist: Hass!"

Er legte den Kopf in den Nacken und lachte wie Ursula in „Arielle". Deren Lachen hatte mich als Kind zahllose Nächte den Schlaf gekostet und ich wusste, dass Torstens Lachen mich genauso verfolgen würde.

Zitternd drückte ich mich an die Wand und schlich aus der Backstube zurück in den Laden.

„Schön, dass hier auch einmal jemand kommt!", empfing mich der Kunde am Kopf der Schlange.

Für den Rest des Tages war ich abgelenkt. Erst als meine Schicht zu Ende war, tauchte Torsten wieder aus der Backstube auf.

„Komm her, Kleiner!", rief er.

Er schnitt ein dampfendes Brot auf. Die Kruste krachte und als der Laib aufgeschnitten vor mir lag, schien es mir, als würde Gott selbst genussvoll aufseufzen. Eine Dampffahne stieg in die Luft und es roch im ganzen Laden nach Geborgenheit und Seelenfrieden.

Ich schloss die Augen, als ich meine Zähne in die Brothälfte senkte. Mir war, als hätte ich seit Wochen nichts zu essen gehabt.

Was soll ich sagen, um es zu beschreiben?

Es war das Paradies!

Es war nicht nur das beste Brot der Welt, sondern das Eine und Einzige, das Brot aller Brote.

Die wichtigste Schöpfung der Menschheit, seit sie gelernt hatte, wie man Feuer macht.

Ich wollte auch Schöpfer werden.

Bäcker. Mit Leib und Seele. Koste es, was es wolle.

Torsten lächelte mich wissend an. Ich nickte ihm zu. Wir hatten einen Pakt.

Der Fluch von Bohlsen

Jedes Jahr materialisierte der Flohmarkt sich auf dem Parkplatz vor der Wassermühle, als wäre es Zauberei. Wir Kinder fieberten ihm entgegen, doch wir wussten nie, wann es so weit war. Dann, von einem Tag auf den anderen, begannen die Arbeiten. Wir folgten dem Treiben und halfen mit, wo wir durften. In der Nacht danach schliefen wir unruhig, denn am Morgen würde es endlich losgehen!

Es gab die typischen Flohmarkt-Biertische und jede zweite Bohlsener Familie hoffte, aus ihrem Sperrmüll noch ein paar Pfennige zu quetschen. Uhren, die nicht tickten; Lexika, denen ein Band fehlte; alte Blechkübel mit Löchern oder Möbel, die antik sein wollten, aber nur alt waren. Aber wer wusste schon, was die seltsamen Menschen aus der Stadt sich wünschten?

Für uns Bohlsener waren eher die Zelte und Buden das Ziel: Der Gade Adolf verkaufte Bratwürste, Fischbrötchen und reichlich Bier. Der Schützenverein betrieb eine Schießbude mit Luftgewehren und der Frauenstammtisch garte Heidekartoffeln in der Glut einer Feuerschale. Wir Kinder trafen uns am Stand von Tante Rosa vom „Landkaffee".

Die reiste sogar aus Ebstorf an, um Kaffee und Buchweizentorte zu verkaufen und uns Honigbonbons zuzustecken.

Die Berühmtheiten des Flohmarkts waren Hein und Emma, deren Lastwagen den Parkplatz dominierte und der auf jedem Foto zu erkennen war. Er war mit grellbunten Mustern bemalt, die die Erwachsenen „indisch" nannten oder „Hippiekram" schimpften – was immer das bedeuten mochte.

Innen war der Wagen ein richtiger Laden mit vollen Regalen, einem Klappstuhl in der Ecke und einer leibhaftigen Registrierkasse. Hein und Emma verbrachten ihr Leben damit, die Welt zu bereisen: vorneweg der Laster, hintennach der VW-Bus.

Jedes Jahr hatten sie neue Ware zu verkaufen, in diesem Jahr war das Thema „Türkei". In einer Holzkiste glitzerten sogenannte türkische Augen, die vor dem bösen Blick schützen sollten. In den Regalen standen Töpfe aus Kappadokien, feine Tassen aus Porzellan in Kupferhalterungen, verzierte Messinglampen und blaue Keramik aus Kütahya.

Die Kasse in der Ecke klingelte in hübscher Regelmäßigkeit, doch Hein schüttelte wie jedes Jahr den Kopf: „Egal, was wir mitbringen, in Bohlsen verkaufen wir immer nur das Billige!".

Der Flohmarkt war von früh bis spät vollgepackt mit Menschen, den ganzen Samstag und den ganzen Sonntag. Natürlich kamen alle Barnser und Gerdauer und Hansener, auch die Uelzener und Lüneburger schauten vorbei. Aber die meisten Besucher kamen aus Hamburg, trotz der Fahrt, die damals an die zwei Stunden dauerte.

Wir freuten uns auch immer auf das Zelt vom Alden Jan, welches ihm die Feuerwehr jedes Jahr aufschlug. Speziell, wenn es regnete, war der Andrang groß.

Niemand wusste vorher, was es dieses Jahr zu kaufen geben mochte – der Alde Jan verbrachte seinen Ruhestand mit der Suche nach dem perfekten Hobby und verkaufte die Ergebnisse. Gab es in einem Jahr großformatige Frauenakte zu kaufen, waren es im nächsten Metallskulpturen aus Autoschrott, im übernächsten mittelmäßige Kalligraphien von Postkartenweisheiten.

In diesem Jahr war sein Verkaufsargument: „Die größten Bonsai der Welt". Die Erwachsenen waren erheitert und wir Kinder befremdet: In Pflanzkübeln und Töpfen mit Preisschildern grünten Pflanzen, die so ähnlich auch an der Gerdau wuchterten, kostenlos. Entsprechend schlecht gingen die Geschäfte, was dem Alden Jan nicht die Stimmung verschlug:

„Da kann man nichts machen. Das ist halt euer Fluch. Nirgends gibt es größere Schätze zu entdecken und nirgends verdient man damit weniger als in Bohlsen."

Das warme Herz des Flohmarkts waren Oma Vicky und Karl-Otto. Wie die Frühlingssonne strahlte die alte Frau jeden an, der sich in ihr Zelt verirrte. Sie saß an einer Nähmaschine mit Pedalantrieb und arbeitete vor sich hin, während sich ein Besucher nach dem anderen auf den alten Schaukelstuhl daneben hockte und ihr aus seinem Leben erzählte. Geduldig hörte sie sich Klagen über hartnäckigen Katarrh an und lauschte dem Liebeskummer der Jungen und Mädchen. Auch für Eltern hatte sie Ratschläge parat und schlichtete so manche Familienstreitigkeit.

Ihre eigentliche Ware war Kleidung und das Zelt quoll davon über. Damals sammelte man in den Heidedörfern nicht für Diakonie oder Caritas, sondern man fuhr Textilien, die man nicht mehr benötigte, zu Oma Vicky. Das ganze Jahr flickte, stopfte, wusch, bügelte, mangelte und nähte sie und auf dem Flohmarkt verkaufte sie den Menschen ihre alten Sachen zurück.

An jedes Teil war ein Preisschild genäht, doch das diente nur als Verhandlungsbasis. Auch Oma Vicky war vom Bohlsener Flohmarktfluch betroffen und mehr als einmal habe ich erlebt, wie sie Hemden, Röcke oder Schnupftücher verschenkte, wenn die Not der Käufer groß genug war.

Während sie in ihrem Zelt als Seelsorgerin und Kassiererin arbeitete, erledigte Karl-Otto die gröberen Arbeiten. Er war eine ebenso gute Seele und strahlte die gleiche Gelassenheit aus, dabei war Vickys Sohn nicht viel älter als wir. Er wirkte wie ein Erwachsener auf uns, er war größer und breiter und um vieles stärker – die Tatsache, dass er mit uns die gleiche Klasse besuchte, verwunderte trotzdem niemanden.

Auf dem Flohmarkt war es seine Aufgabe, sich für die Kunden durch die Kleiderberge zu wühlen, Wäschekörbe und Kartons zu hieven und die Regale mit der Leibwäsche zu erklettern. Harte körperliche Arbeit, doch Karl-Otto lächelte, auch wenn ihm der Schweiß von der Stirn tropfte.

„Ein glücklicher Mensch, der Karl-Otto!", meinte meine Mutter.

„Ein Idiot – das ist es, was er ist!", meinte mein Großvater.

Die Lehrerin hatte uns erklärt, dass er drei Chromosomen besaß, statt nur zwei, wie wir „normalen" Kinder. Das war allen eine Überraschung, die Köpfe drehten sich und wir blickten ihn bewundernd an. Er strahlte über beide Backen. Weder er noch wir hatten eine Vorstellung davon, was ein Chromosom ist.

Für uns klang das Wort aber sehr wichtig und sehr magisch.

An diesem besonderen Flohmarkttag hatte sich in Oma Vickys Zelt ein Hamburger verlaufen, der mit seinen Senffingern die Ware untersuchte und sich, nach dem Dahinscheiden seiner Bratwurst, nach T-Shirts in „Extragroß" erkundigte. Für Oma zählten T-Shirts noch zu Unterwäsche, also musste Karl-Otto eines der Regale erklettern: Die Übergrößen lagen im obersten Fach.

Die ganze Konstruktion war provisorisch und wackelig und durch das Gewicht Karl-Ottos überfordert. Wir Kinder traten einen Schritt zurück, ohne uns absprechen zu müssen. Senffinger fuchtelte mit seinen Händen, brüllte Anweisungen und war sich auch keiner Gefahr bewusst, als das Regal auf einmal laut knackste.

Es wurde still im Zelt. Alle verharrten. Ganz langsam neigte sich das Regal. Einzelne Unterwäschestücke regneten auf den Besucher aus Hamburg. Dann ganze Berge davon und am Ende Karl-Otto. Die Konstruktion blieb windschief stehen, die Fächer waren alle leer.

Wie eine Schildkröte wackelte der vermeintliche Kunde sich auf die Beine und lief knallrot an, während er sich gestärkte Damenhöschen und geflickte Unterhosen vom Leib schälte.

Dann holte er in einer weiten Bewegung zu einer Ohrfeige aus – Karl-Otto noch halb in Textilien begraben – und Klatsch!

Dieses Geräusch hing lange in der Luft, ein Tabu war gebrochen.

Dann begann der Hamburger zu brüllen, wie wir es noch nie gehört hatten – aus Schock hielten wir uns die Ohren zu und hörten trotzdem alles.

Der Mann zeterte: „Du Krüppel, Du geisteskranker Schwachkopf! Unter'm Führer hätte man solche wie dich vergast! Willst du mich hier zum Gespött machen? Du hättest mir den Hals brechen können mit deiner Dummheit!"

Oma Vicky näherte sich dem Tatort.

„Aber hallo! Tschuldigen Sie mal?", übertönte sie das Geschrei.

Der Mann drehte sich um, bellte „Wassis?" und machte einen Schritt auf sie zu.

Sie legte ihm sanft eine Hand auf den Brustkorb. „Bleiben Sie bitte, wo Sie sind!", sagte sie ruhig.

„Ich lasse mir doch von Ihnen ...", hob er an.

Oma Vicky fuhr mit der Hand Richtung Hals des Angreifers und dann stach sie mit Zeige- und Mittelfinger an der Stelle zu, an der das „V" zwischen seinen Schlüsselbeinen lag.

Dem Hamburger blieb die Luft weg, er zischte und hustete und winselte. Aus Angst zu ersticken, begann er mit den Armen zu wedeln und dabei zu hüpfen.

Als er wieder einatmen konnte, stützte er sich auf seine Oberschenkel und hechelte. So entging ihm, dass Oma Vicky zwei Schritte Anlauf genommen hatte. Mit vollem Schwung rammte sie ihrem Besucher die Schulter in die Seite. Ich möchte schwören, er ist mindestens einen Meter durch die Luft geflogen, bevor er vor dem Zelt wieder auf den Teer klatschte!

„Du mieser Wichtigtuer! Du packst jetzt deine Hosenbeine und verschwindest so schnell von diesem Ort, wie du nur kannst! Sollte ich dich jemals wieder in Bohlsen sehen, dann gebe ich mich nicht damit zufrieden, dir den Kehlkopf zu quetschen!

Sich an Kindern zu vergreifen und zwanzig Jahre danach immer noch vom Führer zu schwärmen, ist auf der Heide nicht erwünscht! Ihr Kakerlaken könnt euch in den Trümmern eurer Stadt vergraben – ich verfluche dich und deine Genossen!

Verflucht bist du, verflucht bist du, verflucht bist du! Dreimal dreifach verfluche ich dich – merk' dir das! Und jetzt verschwinde aus der Heide!"

Mit offenem Mund starrten wir Oma Vicky an. Hätte es jetzt gedonnert und ein Blitz hätte den Hamburger erschlagen, niemand wäre verwundert gewesen.

Auf allen vieren krabbelte er fort. Blass war er und manche behaupten später, er hätte sich in die

Hosen gemacht. Zitternd sperrte er seinen Käfer auf und fuhr auf Nimmerwiedersehen in den Nieselregen davon.

Oma Vicky, die Hände immer noch in die Seiten gestemmt, überwachte den Verlauf der Flucht. Erst, als man das Auto nicht mehr tuckern hörte, drehte sie sich um die eigene Achse. Wir blickten in ihr altbekanntes, sanftmütiges Lächeln.

Hatte diese kleine, alte Frau gerade zwei Zentner Mann durch die Luft katapultiert? Hatte sie schwärzeste Flüche ausgestoßen und vorher mit einer Handbewegung ihren Gegner magisch verstummen lassen?

Unser Respekt kannte keine Grenzen. So sahen Heldinnen aus: Sanftmütig, geduldig und wenn es darauf ankam ausgefuchste Nahkämpferinnen. Oma Vicky war Bohlsens einmalige Mischung aus Mutter Theresa und James Bond.

Seit diesem Tag meint man nicht mehr schleppenden Verkaufserfolg, wenn man vom Bohlsener Fluch spricht. Man meint genau die Worte, mit denen unsere Oma Vicky den Nazi aus der Stadt verwunschen hat.

Die Musikersekte

„Am Fasanenpark" gab es keine Fasane und keinen Park. So hieß eine Schotterstraße am Dorfrand, an der frisch verputzte Doppelhäuschen aus der Erde gewachsen waren. Wir waren die Ersten, die einzogen, für die Einheimischen die Vorhut der Großstadt, die sich unaufhaltsam auf das Dorf zubewegte.

Haus Nummer 16b war eigentlich noch nicht bezugsbereit, versteckt hinter dem Baugerüst, ein Tannenbäumchen auf dem First, kein Strom und kein fließend Wasser. Für unsere Eltern unzumutbar, für meine kleine Schwester und mich ein Abenteuer. Wir fühlten uns wie die Kinder von Bullerbü, wenn wir uns über einem Eimer die Zähne putzten und bei Kerzenschein in unsere Betten schlüpften.

Die Nachmittage verbrachten wir damit, die Baustellen der Straße zu erforschen, uns auszumalen, wer hier einziehen würde, wie sie wohl hießen und ob ihre Kinder unsere Freunde werden könnten.

Schräg gegenüber von unserem Haus lag ein alter Bauernhof. Durch unser Küchenfenster konnte man die Bauarbeiten sehen, die dort zügiger fortschritten als in unserer Straße.

Eines Abends beobachteten wir die neuen Nachbarn beim Einzug. Mein Vater lehnte mit seinem Weinbrand an der Arbeitsfläche und schüttelte den Kopf.

„Wieviel Zeug die haben! Das sind sicher so neureiche Schnösel."

Meine Mutter richtete gerade das Abendbrot an:

„Das ist ein Doktor. Ich finde es gut, einen Arzt als Nachbarn zu haben."

„Ich brauche keine Akademiker als Nachbarn."

„Das kann uns und den Mädchen nicht schaden."

Das Wort „Akademiker" hatte ich noch nie gehört. Drüben schleppten eine Frau und zwei Jungs Kisten in den Bauernhof. Ob die alle Akademiker waren?

Am nächsten Tag schlichen Andrea und ich hinüber. Wir versteckten uns hinter der Eiche und flitzten gebückt bis zur Hecke. Auf dem Briefkasten war ein Messingschild montiert. „Dr. S. Kruchen" stand da. An unserer Tür klebte nur ein Streifen Leukosilk, auf den Mama mit Filzstift „Neubauer" geschrieben hatte.

Abends stand Vater nun regelmäßig in der Küche. Dr. Kruchen zu verspotten wurde, neben Weinbrand, sein neues Hobby:

„Jetzt schau dir den an! Mäht der im Februar die nasse Wiese. Und die Sense ist sicher auch stumpf. Die haben doch alle zwei linke Hände, diese Eierköpfe!"

„Du könntest ihm ja deine Hilfe anbieten", schlug Mutter vor.

„Und mir den Ausblick versauen? Nee, das mach' ich nicht. Das hier ist besser als ‚Dick und Doof' im Fernsehen!"

„Zwei linke Hände?" Andrea blickte auf ihre eigenen Hände und drehte sie prüfend hin und her.

Wenn wir von der Schule nach Hause gingen, winkte uns Frau Kruchen zu und ich winkte zurück. Ich lächelte, sie lächelte. Sie freute sich über die Aufmerksamkeit einer Drittklässlerin. Es gab auf dem Hof bereits zwei Hühner, einen Hahn, drei Kühe und einen schwarzweißen Hütehund mit dem Namen „Festus" – wie der Hilfssheriff aus „Rauchende Colts". Dr. Kruchen rannte den ganzen Tag von der einen Ecke des Hofs zur anderen, selbst wir Kinder hatten den Eindruck, dass er nicht richtig wusste, was er tat. Akademiker waren keine Bauern, so viel war sicher.

Die zwei Jungs hießen Martin und Holger. Martin ging mit mir in die Klasse. In der Früh saß er schon an seinem Tisch, wenn ich kam, auf dem Rückweg war er zu Fuß unterwegs und nicht mit dem Fahrrad.

Er war schüchtern und redete auch in den Pausen mit niemandem.

Holger war in Andreas Alter, aber in der Parallelklasse. Er lächelte immer, doch nicht freundlich, so wie seine Mutter. Bei Holger war es ein Auslächeln, als müsse er ein Auslachen unterdrücken.

Es war spannend, den Hof zu beobachten, weil er sich dauernd veränderte, doch wir spielten nie mit Kruchens Kindern. Am Ende der Sommerferien waren andere Familien in den Fasanenpark gezogen, mit deren Nachwuchs wir unsere Nachmittage verbrachten.

Bis zu diesem einen Regentag im September. Nur Andrea und ich waren in unseren Regenmänteln unterwegs, alle anderen Kinder durften nicht auf die Straße. So trabten wir, von Pfütze zu Pfütze, langsam auf den Kruchenhof zu, um zu beobachten, was dort passierte. Manchmal, wenn Festus nicht damit beschäftigt war, die anderen Tiere herumzukommandieren, kam er zu uns auf die andere Straßenseite und ließ sich streicheln.

Schon auf dem Weg zum Hof hörte ich Musik, wie ich sie noch nie gehört hatte. Kaskaden von Tönen, die immer wieder anhoben, in die Höhe zu klettern. Ganz andere Musik als die Schlager, die Mama im Radio hörte. Diese Musik war einfacher – es spielte nur ein Instrument – und doch reicher.

Man ahnte nicht, was als Nächstes geschehen würde. Ich wusste, dass ich etwas Heiligem zuhörte und folgte der Melodie. Ohne Scheu betrat ich zum ersten Mal den Hof.

Ich musste auf die Gartenschlauchtrommel steigen, um durch ein Fenster ins Wohnzimmer zu spähen. Das ganze Erdgeschoss war umgebaut zu einem großen Raum. Küche, Esszimmer und Wohnzimmer waren eins. Vor den Bücherregalen stand das Instrument, aus dem die Musik erklang. Groß wie ein Ruderboot und majestätisch schwarz. Ein Mann mit langen grauen Haaren saß an einem Ende und bewegte sich mit geschlossenen Augen im Takt. Wie ein Priester. Sein Spiel wurde aufregender und spannender, bis es sich in wunderschönen Akkorden auflöste. Ich war satt von dieser Musik und spürte im gleichen Moment eine neue Form von Hunger.

Der Mann rückte zur Seite, Martin nahm seinen Platz ein. Er wiederholte das Stück. Die gleichen Töne, die gleiche Melodie, doch der Zauber war aus dem Lied gewichen. Das Geheimnis war also nicht das Instrument oder das Stück, sondern das Heilige musste von einem Menschen gezaubert werden.

„Hallo, ihr zwei!", sagte eine Stimme hinter mir. Ich zuckte vor Schrecken zusammen und purzelte von der Schlauchtrommel ins Gras. Andrea quietschte und rannte vom Hof.

„Nicht erschrecken, ich bin's nur", sagte Herr Kruchen. „Bei uns gibt es jetzt Tee. Wollt ihr auch eine Tasse?"

Ich sagte sofort „Ja", obwohl ich mich genauso ertappt fühlte wie meine Schwester. Aber ich wollte das Instrument unbedingt aus der Nähe sehen!

Ich winkte Andrea, doch sie schüttelte den Kopf.

„Komm schon! Du brauchst keine Angst haben!", rief ich, „Herr Kruchen hat eine rechte und eine linke Hand, schau nur!"

Wir folgten ihm in den Flur, zogen unsere Mäntel und Gummistiefel aus und setzten uns an den Esstisch. Frau Kruchen strahlte, als sie uns sah und holte Teller und Tassen aus dem Küchenschrank. Martin und der Mann mit den langen grauen Haaren nahmen die Sitzbank vom Flügel mit und wir stellten uns vor. Martins Klavierlehrer hieß Herr Hofmann und das Stück, das mich hierhergelockt hatte, war das „Präludium Nummer zwei", komponiert von einem Mann, der Johann Sebastian Bach geheißen hatte, aber schon seit mehr als zweihundert Jahren tot war. Ein einzelner Mensch hatte diese Melodie geträumt!

Herr Kruchen war kein Arzt. Er war ein Doktor der Geschichte, erklärte er uns und Geschichte sei die Wissenschaft von den Menschen und Ereignissen, die vor uns geschehen sind.

Sieben Geschwister habe Johann Sebastian gehabt und zwanzig eigene Kinder, aber die Hälfte davon war nicht erwachsen geworden.

„Und vier sind selbst Musiker geworden", ergänzte Herr Hofmann, während er nach der Kekshälfte fischte, die ihm in den Tee geplumpst war.

„Was wollt ihr denn einmal werden?", fragte Frau Kruchen, wie das Erwachsene zu tun pflegen.

„Hundeärztin", antwortete Andrea.

„Musikerin", antwortete ich.

Nach diesem ersten Tee verbrachten wir die meiste Zeit mit Kruchens. Andrea war viel mit Holger unterwegs, obwohl sie nur ein Mädchen war, wie er betonte. Manchmal spielten wir auch zu viert, meistens auf dem Hof, aber immer dort, wo Vater uns nicht sehen konnte. Sonst galt sein Spott am Abend nicht Herrn Kruchens linken Händen, sondern Andrea und mir, weil wir uns bei den Akademikern lieb Kind machten.

Eines Tages durfte ich zum ersten Mal am Flügel sitzen. Andächtig bestaunte ich die großen weißen Tasten und die schmaleren schwarzen. Kein Stäubchen war zu sehen. Wenn ich eine Taste schnell genug drückte, erklang ein einziger, klarer Ton. Das ganze riesige Instrument vibrierte, nur weil ich kleines Mädchen diese eine Taste bedient hatte.

Martin kramte im Bücherregal und holte ein blaues Heft hervor, auf dem zwei Kinder abgebildet waren, die Hand in Hand durch eine blühende Landschaft wanderten. „Klavierschatz für Anfänger" stand darüber gedruckt. Darin waren auf vielen Linien schwarze Punkte verteilt, eine Geheimschrift, um sich Melodien zu merken. Das erste Lied war „Hänschen Klein".

„Diese Taste in der Mitte ist das ‚C'", erklärte Martin. „Darauf legst du den Daumen. Das ist dein Finger Nummer eins. Der Zeigefinger ist die Nummer zwei, der Mittelfinger die drei, der Ringfinger die vier und der kleine Finger die fünf. Über den Noten sind die Zahlen für deine Finger geschrieben. Du musst sie nur in dieser Reihenfolge benutzen."

Ich spielte „Hänschen Klein" auf dem Flügel! Ich konnte Klavier spielen!

Ab jetzt durfte ich bei jeder von Martins Klavierstunden dabei sein. Ich saß hinter den beiden auf einem Stuhl und hörte ihnen zu. Wenn Martin ein neues Stück zum ersten Mal probierte, dann klang es ein wenig wie mein „Hänschen Klein", aber nach nur ein, zwei Wochen beinahe so, wie es Herr Hofmann vorgespielt hatte.

Nach dem Tee und den Keksen erteilte Martin mir Unterricht. Er war sehr geduldig und sehr andächtig. Nie schimpfte er über einen Fehler, selbst wenn ich bei der dritten Wiederholung wieder die falsche Taste drückte. Manchmal blieb Herr Hofmann noch ein bisschen und ergänzte Martins Anweisungen. Auch er sprach leise und feierlich, weil die Musik sogar dann heilig war, wenn ich sie spielte.

Es war schon Herbst und ziemlich kalt geworden, als Herr Hofmann auch meinen Unterricht übernahm. Martin und ich wechselten uns auf der Bank ab, aus seiner Dreiviertelstunde waren neunzig Minuten geworden.

Kruchens erlaubten, dass ich jederzeit zum Üben kommen durfte und – wie versprochen – erzählten sie meinen Eltern nicht davon.

Ich weiß bis heute nicht, wer meinen Unterricht bezahlte, damals stellte sich mir die Frage nicht. Mir war nur wichtig, dass ich jetzt auch Mitglied in der Sekte der Musiker geworden war. Nur wir wussten um die Heiligkeit der Melodie und die Reinheit der Tasten. Weiß waren sie und schwarz, mehr nicht, doch sie konnten alle Farben der Welt in unsere Köpfen malen. Musik war die zweite Sprache der Menschheit und die mächtigere: Jedes Gefühl konnte sie besser ausdrücken, als Worte das jemals können würden.

Wir Musiker waren leise Menschen. Wir mussten niemals laut werden, denn wir hatten ja die Musik. Wir wussten: Es genügt, zu hören – wirklich zu hören – um das Leben zu verstehen.

Uns einte ein unausgesprochener Schwur, die Musik als etwas Göttliches zu verehren. Wenn man eine Melodie in die Welt zauberte, dann war da kein Platz für Spott oder Hass oder Böses. Da waren nur Töne, die miteinander in der Zeit schwebten und in ihrem Vergehen ein Bild zeichneten.

Ein Wunder. Das Wunder.

Oft stellte ich mir vor, dass Martin und ich erwachsen wären und berühmte Musiker. Wir würden auf einer Bühne an zwei glänzenden Flügeln sitzen und gemeinsam Bach spielen, wie er noch nie gehört worden ist. So ehrlich und fromm wäre unser Spiel, dass die Menschen im Publikum weinen und lachen mussten, denn auf einmal erschien ihnen das Leben strahlend.

Am Flügel endete auch alles, in dem Moment als Martins Bruder ins Haus gerannt kam, von Kopf bis Fuß blutüberströmt. Frau Kruchen schrie: „Holger!"; Herr Hofmann, Martin und ich erstarrten. Die Haustür knallte zu.

„Das ist nicht meins, es ist Andrea! In der Scheune! Aber ich war's nicht!", schrie Holger und fuchtelte mit den Armen. Blut spritzte auf die Tasten.

Seine Mutter sprang auf. „Lauf schnell rüber und sag' deiner Mutter Bescheid!", rief sie mir zu. „Herr Hofmann, rufen Sie den Notarzt, schnell!"

Auf den schwarzen und den weißen Tasten war knallrotes Blut.

Als meine Mutter und ich in der Scheune ankamen, lag Andrea in einer Pfütze Blut. Ihr rechtes Bein war in einen Bettbezug gewickelt, dessen Blümchenmuster färbte sich schwarz. Andrea war jede Farbe aus dem Leib geflossen und sie schlotterte, als würde sie erfrieren. Frau Kruchen legte gerade eine Wolldecke um sie.
Der Rettungswagen kam und Mama und Andrea verschwanden in seinem Bauch. Ich blieb bei Martin und seinen Eltern. Weil Papa zu betrunken war, holte Herr Kruchen meine Mutter nachts im Krankenhaus ab. Meine Schwester kehrte nie wieder zurück.
Bis heute weiß ich nicht, was passiert ist in der Scheune, ich habe nicht gefragt. Bei Kruchens war ich nie mehr. Ich wollte nicht. Ich wollte die Tasten nicht sehen. Selbst, wenn sie wieder weiß und schwarz poliert wären und wieder so glänzten, wie in der Sekunde, bevor Holger ins Haus gerannt kam, hätte ich immer die Blutspritzer gesehen.
Drei Tage später war die Beerdigung. Ich saß zwischen meinen Eltern und hörte der Orgel zu, die laut dröhnte und quietschte. Martin, Holger und ihre Eltern saßen auf der anderen Seite des Gangs. Wir weinten alle, nur Papa nicht.

Damals habe ich Kruchens das letzte Mal gesehen.

Schon am nächsten Tag warf Mutter unsere Sachen in zwei Koffer und ein Taxi holte uns ab. Wir wohnten dann bei ihrer Schwester, Tante Paula, in der Stadt. Vater habe ich als Kind nur noch ein einziges Mal besucht. Er brüllte Mama eine halbe Stunde an, danach verließen wir für immer das Haus. Es heißt, er wäre in ein anderes Bundesland gezogen. Erst als Erwachsene trafen wir uns in einem Krankenhaus, wo er sich – im Rahmen seines Entzugs – wortreich für meine Kindheit entschuldigen musste.

Über fünfundzwanzig Jahre mussten vergehen, bevor ich eines Sonntags beschloss, noch einmal zur Nummer 16b zu fahren. Alles ist jetzt anders. Das Dorf ist ein Stadtteil, nur der Kirchturm weist darauf hin, dass es nicht immer schon so war. „Am Fasanenpark" liegt nicht mehr am Ortsrand und auch der Hof der Kruchens nicht.

Ich parkte um die Ecke und ging an ihm vorbei, als hätte ich woanders etwas Dringendes zu erledigen. Die alte Eiche war gefällt worden und aus dem ehemaligen Stall war nun auch ein Doppelhaus geworden. Doch das alte Bauernhaus ist äußerlich kaum verändert, auch der Briefkasten ist noch da. Auf dem Messingschild steht: „M. Kruchen – Klavierunterricht".

Lesbenmusik

Meine Klassenkameraden hatten viel anzuziehen und immer in der richtigen Größe. Manche kamen jeden Tag in anderer Ausstattung. Ich besaß zwei identische Cordhosen, die meine Mutter in den Sommerferien mit einem Streifen Stoff am Hosenbein verlängert hatte. Im Winter trug ich Hemden und Pullunder, die schon mein Vater und danach seine Brüder in die Schule getragen hatten, und mein Schulranzen war aus speckigem Leder statt aus neonfarbigem Kunststoff.

Außer dem „von" zwischen Vor- und Nachnamen und unserem Haus war meiner Familie alles Adelige in zwei Weltkriegen abhandengekommen. Trotzdem wurde ich in der Schule nicht nur verspottet, weil ich offensichtlich arm war, sondern auch regelmäßig vermöbelt, weil alle Adeligen, durch Erbrecht, überheblich waren.

Ich war erleichtert, wenn ich auf dem Nachhauseweg unser altes Haus mit seinem unförmigen Giebel, dem unnützen Erker und dem unbenutzten Balkon sah. Manchmal wartete ich, bevor ich eintrat, und lehnte mich an seine kühlen Mauern. Dann träumte ich mich ins Jahr 1880 zurück, als man so gebaut hatte, um vergangene Größe zu beschwören, und als die Kinder, die hier lebten, Privatunterricht bekamen.

Erst danach öffnete ich die Tür und war zurück in der Gegenwart. Aus dem Wohnzimmer dröhnte der Fernseher. Meine Großeltern verbrachten ihre Rente – von Beginn des Programms bis zu dessen Ende – vorzugsweise mit ihren Freunden von ARD und ZDF, statt mit ihren Kindern und Enkeln. Wenn meine Oma mich sah, wurden ihre Augen feucht und sie sagte: „Wir sind so froh, den Krieg überlebt zu haben, Tobias."

Mein Name ist Jakob, mein Papa ist Tobias. Er wurde 1946 geboren, genau wie Mama, und wir wohnten, mit meiner Schwester, schon immer im Haus. So wie auch Papas Bruder Jeremias mit Frau Helene und Sohn Blödmann. So wie auch der andere Bruder Matthias mit Frau Trude und den Zwillingsmädchen, die sich so ähnlich waren, dass sie sich selbst verwechselten. Dann gab es noch das jüngste Kind meiner Großeltern, meine Tante Caroline, die schon fast 30 Jahre alt war, aber sich bisher wenigstens nicht vermehrt hatte.

Man nennt das heute „Mehrgenerationenhaus", damals nannten alle Beteiligten es „Notlösung". Es roch nach Wäsche, die im Keller nicht trocknen wollte und nach Essig, dem Allzweckreiniger der Armen. Alle Bewohner beteuerten, dass es sich nur um ein vorübergehendes Arrangement handelte, aber niemand zog aus.

Bis Tante Caroline eines Tages ihre Sachen in einen Transporter packte und bei ihrer Geliebten einzog. Amanda. Galeristin. Sie verdiente ihr Geld mit den schrillen Bildern junger Menschen, die nicht wussten, dass sie Neo-Expressionisten sind, bevor sie unter Amandas Fittiche gerieten. Die beiden waren schon so lange ein Paar, dass ich auch sie „Tante" nannte.

Als der Transporter abfuhr und alle Tante Caroline zum Abschied winkten, wurde mir das Herz schwer. Außer den Zwillingen und Blödmann, mit denen ich nichts anfangen konnte, war ich das einzige Kind im Haus. Alle anderen waren Eltern.

Am Abend lag ich im Bett und schmiedete Fluchtpläne, die allesamt mehr Mut erforderten, als ich aufbringen konnte. Mir fiel auf, dass es jetzt eine entscheidende Änderung im Haus gab: Ein Zimmer stand leer!

Tante Caroline hatte unter dem Dach gewohnt, weitab vom Alltagslärm des Erdgeschosses. Wenn ich mich schon nicht in den Orient-Express schmuggeln oder mich selbst als Paket an eine beliebige amerikanische Adresse versenden konnte, so gab es jetzt wenigstens eine Möglichkeit, sich zu verstecken.

Als unten das Fernsehprogramm beendet war und alle schliefen, nahm ich meine Taschenlampe und stieg die Holztreppe zum Speicher hoch. Es galt, Stufe sechs und elf auszulassen, die laut quietschten. Dann schob ich die Tür auf, die auf dem dicken Teppich schleifte. Wie erwartet, war das Zimmer leer. Nur ein Bettgestell mit Lattenrost und ein leergeräumtes Bücherregal waren von Tante Caroline übrig. Und eine einzelne Umzugskiste zwischen Bett und Regal. In großen Buchstaben stand auf dem Deckel: „Privat! Nicht öffnen!".

Natürlich musste ich wissen, was in der Kiste war. Ich fand in der Wand einen Nagel, und kratzte damit das Paketband auf. Dann öffnete ich den Deckel: Klamotten. Was für eine Enttäuschung – alles ausgediente Kleidung meiner Tante. Ich grub tiefer in die Kiste, bis ich am Boden ein viereckiges Stück Pappe spürte. Die Hülle einer Langspielplatte. Hastig schaufelte ich die Kleidung aus der Kiste und zog vier Platten heraus.

Ich verstand auf den ersten Blick, warum Tante Caroline sie nicht mitgenommen hatte. Das waren die hässlichsten Cover, die ich jemals gesehen hatte. Es war, als hätten sich die Designer viel Mühe gegeben, auf keinen Fall etwas zu gestalten, was hübsch oder gefällig sein könnte.

Eine Platte war knallgelb. „Never mind the Bullocks" stand darauf – was waren bitte Bullocks? Darunter ein pinkfarbenes, windschiefes Rechteck, mit den ausgestanzten Buchstaben „Sex Pistols".

Jeder Buchstabe entstammte einer anderen Schrift, keiner war so groß wie der andere.

Auf dem nächsten Cover zertrümmerte ein Musiker seine Gitarre. Am linken Rand des Schwarzweißfotos stand, von oben nach unten: „London". Pink. Und unten, von links nach rechts: „Calling". Giftgrün. London ruft – dafür reichte mein Englisch.

Auf der Hülle Nummer drei sah man vier junge Männer, komplett mit Torte verschmiert. Einer schleckte Sahne vom Kopf seines Nachbarn, ein anderer war sichtlich ins Koma gefallen, die restlichen zwei hatten kohlschwarze Sonnenbrillen. „Damned" stand darauf. Verdammt.

Dann gab es noch die Männer in den Lederjacken und den zerrissenen Jeans, auch in Schwarzweiß. Wieder zwei Sonnenbrillen, wieder alle ziemlich dünn. Einer war viel größer als die anderen. „Ramones" stand da.

War ich auf ein dunkles Geheimnis meiner Tante gestoßen oder auf ihren Abfallhaufen? Ich legte die Kleidung zusammen und schloss den Karton wieder. Vorsichtig trug ich diesen Schatz in mein Zimmer und versteckte ihn unter der Matratze. Dann lag ich den Rest der Nacht wach, so aufregend war der Fund und so gespannt war ich auf die Musik.

Am nächsten Vormittag – es muss also Sonntag gewesen sein – hörte ich die Musik, die in den hässlichsten Plattenhüllen der Welt versteckt war. Sie war neu. In Radio und Fernsehen spielte damals nur Schlager- oder Diskomusik. Theatermusik. Geheuchelte Gefühle, vorgetragen von Menschen, die sich dafür verkleidet hatten. Alles im gleichen Takt, alles in ähnlicher Geschwindigkeit und alles in denselben Tonlagen.

Was aus meinem Lautsprecher kam, klang völlig anders. Ich war sprachlos. So konnte Musik sein? So voller Gefühl und ehrlich, so simpel und direkt. Ich konnte die Texte kaum verstehen, aber mir war klar, wovon sie berichteten.

Diese Musiker wüteten durch ihre Songs, da war Zorn, Widerstand und die Bereitschaft, trotzdem Spaß zu haben. Die Sex Pistols, The Clash, The Ramones, The Damned: Das war die Wahrheit, ohne Verkleidung, ohne Heuchelei und ohne Harmonielehre. Das konnte ich verstehen. Das war meine Musik. Nie mehr wollte ich etwas anderes hören!

Meine Finger zitterten, während ich alle Platten aufnahm, schließlich musste ich die Originale wieder in die „Privat!"-Kiste zurücklegen. Ich überspielte Kassetten, die mir meine Eltern zu Geburtstagen gestaltet hatten und klebte neue Beschriftungen in die Plastikhülle: „Sandmännchen", „Mikado", „Gebrüder Grimms Märchen" und „Wissenschaft Junior" – bekannte Radiosendungen für Kinder, für die sich keiner im Haus interessieren dürfte. Ich war so glücklich wegen meines Funds, dass ich während des Fälschens lachen musste: Wer brauchte das Sandmännchen, wenn er die Ramones hatte?

Ist es nicht die schönste Entdeckung, wenn man jung ist und zum ersten Mal die Sache findet, von der man weiß, sie gehört nur dieser Generation? Dass die Elterngeneration und die noch Älteren das niemals verstehen könnten? Das hatte ich für mich gefunden. Diese Musik war nur für Menschen wie mich und meine Tante gemacht.

Was für ein Mensch war meine Tante eigentlich?

Ich wusste sicher, dass sie lesbisch war. Jeder im Haus wusste das und keiner machte daraus eine große Sache, nicht einmal meine Großeltern. Darum hatte mir niemand erklärt, was dieses Lesbischsein so beinhaltete und was nicht.

Das Grundprinzip leuchtete mir ein: Menschen gab es in zwei Baumodellen, eines weiblich, eines männlich. Erwachsene fanden sich zu Pärchen zusammen: Männchen und Weibchen.

Manchmal auch Männchen und Männchen oder Weibchen und Weibchen, so wie Tante Caroline und Tante Amanda. Ich wusste, dass diese Paarfindungsmethoden etwas mit Sex zu tun hatten.

Doch meine eigene Sexualität schlummerte noch vor sich hin, ich war erst elf und laut meiner Mutter ein Spätentwickler.

Es gab Klassenkameradinnen, deren Oberweiten bereits weiblich wirkten und manchmal stellte ich mir vor, was es da hinter T-Shirt, Blusen oder Pullovern wohl zu sehen gab. Das waren schöne Gedanken, aber damit erschöpfte sich mein Triebleben schon. Ich war also wahrscheinlich „normal" sexuell. Das war mir recht. Mit Elf ist es wichtig, dass man eben nicht anders ist. Nun aber ... tja ... hatte ich diese Musik gehört.

Was also, wenn das Lesbischsein gar nichts mit Sex zu tun hatte? Wenn es in Wirklichkeit eine andere Art des Lebens war? Verborgen vor den normalen Bürgern, die sich im Radio von Roy Black, Lena Valaitis, Tony Marshall oder Udo Jürgens beschallen ließen? Heimlich, wahrscheinlich unterirdisch, trafen sich die Lesben und hörten die wirkliche Musik. The Ramones, The Damned, Clash und die Sex Pistols: Lesbenmusik! Nur die Lesben hatten die Wahrheit erkannt. Darum hatte meine Tante auch „Privat! Nicht öffnen!" auf die Kiste geschrieben. Geheimmusik. Das machte Sinn.

Durfte ich als „Normaler" überhaupt diese Musik hören? Schadete mir das vielleicht? Könnte es sein, dass mich das veränderte und ich zu einer männlichen Lesbe werden würde?

Ich beschloss, mit diesem Risiko zu leben. Die Musik war mir wichtiger als die Sexualität. Ich war bereit, mich in Kellern zu verstecken, wenn es sein musste. Als Lesbe musste man Opfer bringen.

In diesem Schuljahr kam Peter in unsere Klasse, ein Sitzenbleiber und damit ein Jahr älter als wir. Peter war cool. Das genaue Gegenteil von mir. In einer Pause hörte ich ihn vor den anderen Jungs über Musik referieren. Er machte sich lustig über „Queen", „Van Halen" und sogar über die „Rolling Stones". Die Zeiten, als diese gute Musik gemacht hätten, sei vorbei, meinte er und lachte wie ein Bösewicht in Winnetoufilmen. Heute würden alle nur noch Diskogestampfe abliefern, um schnelles Geld zu machen. Er schüttelte den Kopf. Heute sei er tot, der Rock'n Roll.
Das imponierte mir. Ausgerechnet der coolste Junge der Klasse war eine verwandte Seele. Ausgerechnet in meine Klasse ging ein Junge, der vielleicht auch lesbisch war. Ich war nicht mehr allein.
Ich nahm meinen Mut zusammen und fragte Peter offen, ob ich ihn einmal besuchen kommen könnte, weil ich wissen wollte, welche Musik ihm gefiel. Er blickte auf mich hinunter und ich rechnete damit, einen Magenschwinger einzufangen oder umgeschubst zu werden.

Doch er lachte bösewichtig und sagte nur: „Klar. Kein Problem. Heute Nachmittag?"

Also begleitete ich ihn nach der Schule und er legte auf. Keine Frage, seine Musik war in Ordnung. Besser als Schlager und auf jeden Fall besser als Disko. Er hörte „The Who" und „The Kinks" und Bootlegs von frühen Beatleskonzerten. Das war Rock'n Roll, schnell, laut und wütend. Wahrscheinlich die Musik, die Lesben vor einer Generation gehört hatten.

Danach kramte ich meine vier Kassetten aus der Schultasche und spielte Peter meine persönlichen Lieblingstitel vor. „White Riot", „Anarchy in the UK", „Blitzkrieg Bop" und „Smash it Up". Seine Augen weiteten sich. Er war genauso begeistert, wie ich es gewesen war.

Keine Frage: Ich hatte ihn soeben zur Lesbe konvertiert! Peter war nun ein Eingeweihter und wir Freunde.

In dieser Nacht schlich ich in den Speicher und stahl die „Vier Heiligen Platten" noch einmal. Am nächsten Tag fertigte ich noch einmal vier Kassetten an und schenkte sie Peter. Ich schärfte ihm ein, dass er mit niemandem ein Sterbenswörtchen über diese Musik sprechen durfte, denn es war so: Nur Lesben durften diese Songs hören, in ihren geheimen Kellern, bei ihren geheimen Treffen.

Wie aufregend! Für ganze neun Tage waren wir der kleinste Geheimbund, die beiden einzigen männlichen Lesben an der Schule oder vielleicht in der Stadt oder vielleicht in der ganzen Welt!

Danach eröffnete uns ein Klassenkamerad von Peters großem Bruder, der mit den bunten Haaren und der Sicherheitsnadel im Ohr, dass wir Punks waren. Er lieh uns eine Ausgabe der Zeitschrift „Sounds", voller Fotos von Menschen, wie sie sich auch auf meinen Covern tummelten. „Punk" war eine große Sache.

Erst jetzt fiel mir auf, dass auf allen vier Hüllen nur Männer zu sehen waren. Sicher, in den Liedern ging es auch um Frauen und um Liebe, aber warum sollten Lesben sich ihre Musik exklusiv von Männern schreiben und vorsingen lassen?

Peter und ich blätterten aufgeregt durch die Seiten. Ich war traurig, dass der kleinste Geheimbund der Schule nun sein Ende gefunden hatte, aber auch aufgeregt, dass es außer diesen vier Platten noch viel mehr Punk auf der Welt gab. Wer hätte gedacht, dass es sogar in unserer Stadt eigene Punkbands gab und dass man einfach so auf ein Konzert gehen und andere Menschen treffen konnte, die die gleiche Musik liebten wie man selbst?

Eine ganze Welt öffnete sich für mich an diesem Tag, an dem meine Kindheit endete und etwas Anderes begann. Noch heute, vierzig Jahre später, ist Punk meine musikalische Heimat. Doch ich bin großzügiger geworden. Altersmilde. Ich lege manchmal „Earth, Wind and Fire" auf und ich besitze sogar „Nightflight to Venus" von Boney M.

Die Kiste auf unserem Speicher ist zum Symbol meiner Pubertät geworden und ich wünsche allen Elfjährigen, genau so eine Überraschung als Initiation in eine größere Welt, in der es nicht wichtig ist, ob man ein „von" im Namen trägt, oder ob die Kleidung, die man trägt, modern ist.

Tante Caroline erklärte mir, dass sie die Kiste nur für mich dagelassen hat. Ich habe sie gefragt, warum sie „Privat! Nicht öffnen!" darauf geschrieben hat. Und sie meinte: „Sonst hättest du dich doch niemals dafür interessiert. Oder?"

Im Dunkeln pfeifen

„Du bist Porthos!", sagte D'ArTagnan.
D'Artagnan war Siegfried. Siegfried war immer D'Artagnan und ich immer Porthos.
„Warum bin ich immer Porthos?", fragte ich.
„Weil du dick bist", antwortete Siegfried. Da war nichts Abfälliges in seiner Bemerkung, er machte eine sachliche Feststellung.
Ich war dick, so wie Hans nervös zwinkerte oder Britta einen Pferdeschwanz hatte. Hans war Aramis und Britta war Athos und wir waren die vier Musketiere. So müsste das Buch von Alexandrè Dumas eigentlich heißen, sagte Siegfried mit Autorität, denn er hatte es als Einziger gelesen.
Er erklärte uns die Hintergründe unserer Figuren und wie wir unsere Rollen ausfüllen sollten. Fünf Minuten hielten wir uns an dieses Drehbuch, dann begannen wir uns mit unseren Haselnussdegen zu duellieren – die vier Musketiere kämpften in unserer Version immer miteinander und nur, bis jemand zu heftig auf die Finger bekam.
Gerne spielten wir auch „20.000 Meilen unter dem Meer". Ich war Professor Arronax, Hans war der Harpunier Ned Lang, Britta war mein Diener Conseil und natürlich war Siegfried Kapitän Nemo. Als Helme hatten wir in vier Einkaufstüten von der Krämerin Augenlöcher geschnitten.

Damit bewegten wir uns über den Meeresboden, der mit Riesenkraken, giftigen Fischen und tödlichen Haien bevölkert war. Die wahren Gefahren dieser Aufführung waren andere Kinder, die uns verspotteten, während wir in Zeitlupe mit Papiertüten auf dem Kopf über die Wiesen schlichen und, wegen der eingeschränkten Sicht, manchmal durch die Brennnesseln.

Neu im Repertoire war „Cowboys und Indianer", aber unsere einzige Quelle war ein Western, den nur Hans gesehen hatte. Seine Tante war die einzige Person in der Straße, die einen Fernseher besaß.

Im Notfall spielten wir auch „Fünf Freunde", doch da gab es Probleme mit der Rollenbesetzung. Britta hatte nie Hemmungen, männliche Parts zu übernehmen, doch keiner von uns Jungs brachte es über sich, Anne zu verkörpern. Deswegen musste diese in unserer Version anderweitig beschäftigt sein und Hans oder ich schlüpften in die Rolle von Timmy, dem Hund. Es waren die Fünfziger.

Dann kam der Sommer, in dem sich unsere Viererbande auflöste. Brittas Vater wurde an einen anderen Standort versetzt und wir Jungs auf verschiedene Schulen verteilt. Ich kam in das naturwissenschaftliche Gymnasium, weil es nur fünfzehn Minuten entfernt war.

Siegfried musste eine halbe Stunde in die Stadt fahren, denn seinen Eltern war eine humanistische Bildung wichtig. Hans ging in die Hauptschule, er sollte die Gärtnerei seines Großvaters übernehmen.

Wir sahen uns selten. Trafen wir uns aber doch unter unserem Baum, dann saßen wir jetzt auf der Bank, statt sie als Bühnenbild für unser Spiel zu benutzen. Statt mit selbstgeschnitzten Degen zu fechten, unterhielten wir uns über unsere verschiedenen Welten.

Siegfried und ich waren evangelisch, wir sahen uns einmal in der Woche in der Jungschar, am Samstag. In unserer kleinen lutherischen Diasporagemeinde trafen sich zwei Dutzend Kinder, die schon eingeschult, aber noch nicht konfirmiert waren.

Wir verbrachten die Nachmittage mit Singen, vorgelesenen Geschichten und mit Brett- und Kartenspielen. Vorher und nachher wurde gebetet, damit sich die frömmeren Eltern nicht beim Gemeinderat beklagten.

Geleitet wurde die Gruppe von Jugendlichen, nur Mark war volljährig. Er konnte passabel Gitarre spielen und seine Schwester Veronika begleitete ihn auf der Querflöte. Wir machten viel Musik und in einer kleinen Gruppe genügte es nicht, nur den Mund andächtig zu bewegen – eine Taktik, die sich in allen Gottesdiensten bewährt hatte.

Ich musste mich überwinden, aber dann sang ich gerne. Manchmal, wenn alle den richtigen Ton trafen, stellten sich mir die Härchen im Nacken auf, so schön klang das.

Zwei Wochen, in den großen Ferien, waren wir zusammen im Jungscharlager zum Zelten. Wir waren unter uns und den Eltern nicht im Weg. Die katholischen Jungs waren bei den Sankt-Georgs-Pfadfindern aufgeräumt und ihr Zeltplatz nicht weit von unserem entfernt.

Sie trugen grüne Hemden mit Halstuch und man konnte ihren Rang an den Abzeichen unterscheiden. Es gab Horten, Sippen und Stämme, man unterschied Wölflinge, Jungpfadfinder und Pfadfinder. Als wir einmal morgens beobachteten, wie sie sich in ihrer halben Uniform in Reih und Glied aufstellten, schüttelte Mark den Kopf. „Hitler-Jugend", murmelte er.

Das Wort „Hitler" klang für mich, als ob unsere katholischen Klassenkameraden etwas Böses im Schilde führten. Ich erzählte Siegfried davon und wir machten uns Sorgen um Hans. Wr wollten nicht glauben, dass Hans – nur weil er Jungpfadfinder war – nun auch Nationalsozialist geworden war.

Zugegeben, der Umgangston bei den Pfadfindern war rauer als bei uns. Eine Trompete plärrte alle bei Sonnenaufgang wach und ständig waren unsere Nachbarn mit Wettbewerben beschäftigt. Dort konnte man Abzeichen gewinnen, wenn man Pflanzen richtig identifizierte, während wir damit experimentierten, wie lange man sich von gezuckerten Nudeln ernähren konnte.

In einem Pfadfinderwettkampf waren wir als Statisten eingeplant, ohne es zu ahnen. Wie die katholischen Kollegen hatten auch wir eine Fahne, die wir direkt neben dem Lagerfeuer gehisst hatten. Sie zeigte ein lila Kreuz auf weißem Grund. In der zweiten Woche verschwand sie über Nacht. Am nächsten Morgen erschien eine Abordnung Sankt-Georgs-Pfadfinder, um über ein Lösegeld zu verhandeln.

„Paramilitärisches Kriegsspiel" nannte Mark das.

Wichtige Worte, fand ich. Mit elf Jahren sind wichtige Worte immer richtiger als nichtwichtige Worte. Gymnasium war richtiger als Schule, Lektüre richtiger als Lesen und Zukunftsperspektiven richtiger als die vier Musketiere.

Im folgenden Jahr hatten wir vor Vorfreude die Schmach vergessen. Doch dann wurden wir am ersten Abend über die Gegenstrategie informiert, die die Zeltlagerleitung ausgebrütet hatte. Mark erklärte, dass man sich dieses Mal nicht vom Gegner überrumpeln ließe. Mit einem Stock kratzte er einen Lageplan in die Erde.

Es ging um nichts weniger als einen präventiven Erstschlag. Dazu wurden wir in drei Gruppen eingeteilt. Gruppe eins würde das Lager der Gegner umrunden und von dort lautstark einen Scheinangriff starten.

Wenn alle Pfadfinder sie verfolgten, würde Gruppe zwei ins Lager schleichen, die Wache in Schach halten und mit der gegnerischen Fahne zurückkehren. Gruppe drei waren Veronika und ich. Falls doch einige Pfadfinder Gruppe zwei verfolgten, würden wir ein verstecktes Stolperseil straffen und unseren Fahnendieben damit Zeit verschaffen.

Der Plan war perfekt und würde uns in den Besitz der Flagge mit der blauen Kreuzlilie bringen. Im Tausch würden wir dann nicht nur die verlorenen Süßigkeiten des letzten Sommers zurückerpressen, sondern das Lösegeld erhöhen.

„Genialisch", nannte Mark den Plan. Zufrieden lächelte er uns an.

So kam es, dass ich zwei Nächte später mit Veronika im Wald hockte. Die Dunkelheit war überwältigend, unsere Taschenlampe hatte schon vor einer Stunde das Funzeln eingestellt. Ich hielt mir die Hand vor das Gesicht, aber konnte sie nur erkennen, wenn ich sie bewegte.

„Veronika, warum sind wir eigentlich für die Falle eingeteilt worden?"

„Weil wir dick sind, Floh!", antwortete sie. Das klang verbittert. Ich wollte nicht nachfragen, aber ich wollte auch nicht, dass sie nichts mehr sagte.

„Du, Veronika, was passiert eigentlich, wenn der Plan klappt?"

„Dann haben wir die Fahne von denen und geben die nur gegen Lösegeld wieder her. Hast du nicht aufgepasst, als mein Bruder den Anführer der Resistance gegeben hat?"

„Nein, ich meine, wenn die angerannt kommen, und wir ziehen an dem Seil?"

„Na, dann fliegen die Herren von der katholischen Fraktion auf die Nase!"

„Das meine ich nicht. Was passiert dann?"

„Dann schaffen sie es nicht, die Fahne abzufangen, bevor unsere Leute wieder im Lager sind und wir haben gewonnen."

„Das meine ich auch nicht. Ich meine, wir ziehen am Seil, die fliegen auf die Nase. Und dann?"

„Ich verstehe nicht? Was dann? Dann hat der Plan geklappt!"

Sie hatte sich das Szenario noch nicht im Kopf ausgemalt. Ich schon. Erst rasen unsere Fahnendiebe an uns vorbei und kichern. Dann passiert lange nichts. Es folgen die Pfadfinder, alles große Jungs mit Muskeln und mit Dolchen bewaffnet.

Sie jagen den Fahnendieben hinterher, denn es geht um die Ehre ihres Stammes und aller Sankt-Georgs-Pfadfinder und wahrscheinlich der gesamten katholischen Kirche. Wir ziehen an dem Seil, das auf der anderen Seite an eine Eiche gebunden ist und die Verfolger stürzen auf die Erde. Knie werden aufgeschürft, Handgelenke verrenkt, vielleicht stoßen sie auch mit den Köpfen aneinander und brechen sich die Nasenbeine. Was dann?

„Was machen wir, wenn der Plan klappt, Veronika?"

„Dumme Frage. Wir gehen wieder ins Lager", sagte sie. Stille. Dann atmete sie scharf ein: „Oh. Ich verstehe, was du meinst."

„Ob die uns doll verhauen werden?"

„Wir rennen einfach weg!"

„Ich bin nicht gut im Wegrennen. Du?"

„Auch nicht. Aber die werden uns schon nicht schlimm verhauen. Die haben ja auch einen Ehrenkodex! Das sind ja auch Christen."

„Als Hans letztes Jahr bei der Wache eingeschlafen ist, da haben sie ihm zur Strafe die Hosen ausgezogen und ihn in die Brennnesseln gesetzt. Und Hans ist doch selber ein Pfadfinder!

Wenn die das schon mit den eigenen Truppen machen! Also, wenn sie mich in die Brennnesseln setzen, dann müssen sie mich auch nicht mehr verhauen. Das finde ich schon schlimm genug."

Dieses Mal war die Pause länger. Wahrscheinlich malte sich Veronika die Abfolge der Ereignisse vor dem geistigen Auge aus, wie ich das schon getan hatte, als Mark die Befehle ausgegeben hatte.

„Na, wahrscheinlich laufen sie gar nicht hier lang!", meinte sie schließlich.
Das klang wenig optimistisch, aber ich war auch mit wenig zufrieden.
„Auf jeden Fall habe ich noch nichts gehört. Ob unsere Leute schon im Lager waren? Vielleicht ist der Spuk vorbei und wir sitzen völlig umsonst hier rum?"
„Vielleicht."
„Vielleicht."

Es wurde wieder still. In der Ferne waren Rufe zu hören, der Spuk spukte durchaus noch vor sich hin, doch um uns herum war es totenstill. Kein Vogel sang um Mitternacht, kein Wildschwein grub in der Erde und kein Reh knabberte an Schösslingen. Nur Veronika und ich und unser Atem. Hörbar.
„Da war etwas!", flüsterte ich so laut, wie man nur flüstern kann.
„Was denn?"
„Ich glaube, da kommt wer!"
„Ich höre nichts."

Ich horchte weiter in die Dunkelheit. Ich stellte mir vor, wie meine Ohren wuchsen, so sehr strengten sie sich an: „War wohl nichts."

Stille.

„Jetzt habe ich was gehört!", flüsterte Veronika.

„Was denn?"

„Ich glaube, da kommt wer!"

„Ich höre nichts."

„War wohl nichts."

Stille.

„Veronika, glaubst du eigentlich, dass es hier Wölfe gibt?"

„Nee. In Deutschland gibt's doch keine Wölfe mehr!"

„Ja, aber in Österreich."

„Na und?"

„Na, wir sind fast in Österreich. Und denen sind Grenzen wahrscheinlich egal, oder?"

„Glaub' ich trotzdem nicht."

Stille.

„Jetzt habe ich aber wirklich was gehört, Floh!"

„Ja, ich auch! Da ist was!"

„Da bewegt sich etwas!"

„Das sind nicht die Pfadfinder, die würden sich nicht anschleichen, oder?"

„Ich habe keine Ahnung! Ich weiß nicht, wie diese blöden Spiele funktionieren!"

„Pst! Sei leise!"

Stille.

„Veronika?"
„Was ist, Floh?"
„Hast du eigentlich Angst?"
„Nein. Kein bisschen."
„Ehrlich?"
„Ehrlich!"
„Ich schon."
„Brauchst du nicht. Es kann dir nichts passieren!"
Stille.
„Glaubst du eigentlich an Werwölfe, Veronika?"
„Was? Quatsch! Spinnst du?"
„Thorsten hat gesagt, solche Legenden haben immer einen wahren Kern."
„So ein Unsinn! Menschen können sich nicht in Wölfe verwandeln! Das ist wissenschaftlicher Quatsch. Aberglauben ist das. In der Bibel gibt es keine Werwölfe."
„Das sagst du. Du weißt das. Und die Wissenschaftler vielleicht auch."
„Und?"
„Aber, wenn der Werwolf das nicht weiß?"
„Dann ist er trotzdem ein Mann und kein Wolf, Kleiner!"
„Schon. Aber ein Mann, alleine im Wald, der denkt, er ist ein Wolf, das ist fast noch schlimmer, als ob er einer wäre, oder?"
„Aber es ist trotzdem ein Mensch."

„Aber so etwas gibt es, oder? Menschen werden geisteskrank und dann können sie sich alles Mögliche einbilden. Warum nicht auch, dass sie ein Wolf sind?"

„Floh, hör mit dem Unsinn auf. Du machst dir nur selber Angst!"

Stille. Dunkelheit. Und dann tatsächlich ein Knacksen. Wir schrecken auf, gleichzeitig.

„Das war eindeutig ganz in der Nähe!"

„Ja, ich glaube auch!"

„Und wenn das ein Werwolf ist?"

„Kleiner, weißt du was?"

„Nein."

„Jetzt hab' ich auch Angst!"

„Ich auch!"

Stille.

„Lass' uns zurück ins Lager gehen, Floh. Hier passiert eh' nichts mehr, heute Nacht. Es ist wahrscheinlich, wie du gesagt hast. Alle feiern im Lager unseren Sieg und uns Dicke haben sie hier einfach vergessen."

„Schon. Aber es ist stockdunkel! Ich kann überhaupt nichts sehen!"

„Ich auch nicht! Aber willst du auf den Sonnenaufgang warten?"

„Veronika?"

„Was?"

„Kannst du mir deine Hand geben?"

„Ja, komm! Gehen wir!"

Stille. Wir gingen nicht.

„Ich habe wirklich eine Heidenangst!", flüsterte ich.

„Ich auch!"

„Mein Opa hat zu mir gesagt: Wenn man dabei pfeift, kann man auch durch das Dunkel gehen."

„Das ist eine gute Idee!"

„Wollen wir ein Lied pfeifen?"

„Ich kann nicht pfeifen. Aber es wäre schön, wenn du das machst!"

„Soll ich wirklich?"

Ich begann zu pfeifen. Mir fiel nur „Die Affen rasen durch den Wald, der eine macht den anderen kalt" ein. Ich pfiff so falsch, dass Veronika kichern musste. Das genügte. Wir standen auf und schritten langsam durch die absolute Dunkelheit. Die eine Hand streckten wir ins Ungewisse, mit der anderen hielten wir uns aneinander fest. Veronika, die kleine Schwester von Mark, die alle für überheblich hielten und Floh, der unscheinbare dicke Junge hielten Händchen.

Wir wussten nicht, ob wir in die richtige Richtung stolperten, unser Weg war vor uns verborgen. Den kleinen Mut, über den jeder von uns verfügte, warfen wir zusammen. Es war genug, um weiterzugehen im Dunkeln, begleitet von den Affen, die durch den Wald rasten, weil jemand die Kokosnuss gestohlen hatte.

Beim zweiten oder dritten Refrain sang Veronika leise mit. Das Lied, welches wir jeden Abend laut grölten, war auf einmal zerbrechlich und sanft und wichtig.

Nach einiger Zeit erreichten wir den Waldrand und sahen ein Lagerfeuer. Unser Lagerfeuer. Ich hörte auf zu pfeifen.

Sofort ließ Veronika meine Hand los.

„Wenn du jemandem erzählst, dass wir Händchen gehalten haben", zischte sie, „dann vertrimme ich dich so, dass du in deinem ganzen Leben nicht mehr sitzen kannst! Ist dir das klar, Kleiner?"

Fünfzig Jahre hatte ich nicht mehr an diese Geschichte vom Pfeifen gedacht. Bis ich eines Abends mit der letzten S-Bahn hinaus in die Vorstadt fuhr, wo mein kleines Häuschen auf mich wartete. Ich hatte mich in der Stadt mit alten Freunden getroffen und wie es so ist, wenn man die siebzig überschritten hat, redeten wir über unsere Wehwehchen und wer aus dem Bekanntenkreis das Zeitliche gesegnet hatte. Oft hatte der Tod in unserem kleinen Kreis zugeschlagen und auch meine Frau mitgenommen.

Ich saß allein im menschenleeren Waggon, der trotzdem so hell erleuchtet war, dass man Zeitung hätte lesen können. Drei Glas Rotwein hatten mich schläfrig gemacht und als meine Station aufgerufen wurde, musste ich mich sputen, um den Waggon rechtzeitig zu verlassen.

Es war nach Mitternacht, aber die Luft war immer noch heiß und trocken. Ich kürzte, wie immer, durch den Stadtpark ab. Aus den Häusern flackerte das blaue Licht von Fernsehern. Viele Fenster standen offen und der Klang der Programme vermischte sich zu einem Brei aus Filmmusik und Sprache, manchmal fiel ein Schuss und einmal schrie eine Frauenstimme in Todesangst.

Plötzlich war alles vorbei. Die Fernseher verstummten, die Lichter waren aus – totaler Stromausfall! Die Nacht wartete nicht und eroberte das Städtchen sofort zurück. Die Dunkelheit schüttete sich über die Häuser aus und für einige Schrecksekunden war es so still, als würden hier nicht Menschen herrschen, sondern die Natur.

Erschrocken blieb ich stehen. Ich hielt mir die Hand vor Augen, aber konnte sie nicht sehen. Diese kleine Geste öffnete in meiner Seele die Tür zu der Geschichte von Veronika und den rasenden Affen.

Als sich meine Augen angepasst hatten, ahnte ich den Weg, den ich schon oft gegangen war. Ich pfiff „Wer hat die Kokosnuss geklaut?" und ging einen Schritt nach dem anderen durch das Dunkel.

Ich dachte an Veronika und an mein Leben seit dieser einen Nacht im Jungscharlager. An meine Frau, meinen Sohn, meine Bücher, meinen Beruf und meinen „Ruhestand". Bei jedem Schritt durch's Leben hatte ich Angst gehabt. Nie wusste ich, was die Zukunft für mich bereithielt. Ich hatte immer gehofft, mein Weg würde in die richtige Richtung führen, aber ich war mir niemals sicher gewesen. Jetzt auch nicht. Im Dunkeln. Pfeifend. „Die Affen rasen durch den Wald!"

Mein Großvater hatte recht. Pfeifen hilft.

Die Königin der wilden Kerle

„Meinst Du, das muss genäht werden?", fragte ich Reinhard, der auf die froschgrünen Fliesen vor mir starrte. Von meiner Hand tropfte Blut. „Komplimentärkontrast", dachte ich und sagte: „Sie hat mich zum Abschied gebissen."

Ich hatte die letzten vier Tage an deinem Bett verbracht, neben dem Infusor mit dem Morphium. Manchmal habe ich auf den Monitor geschaut oder die Bäume vor dem Fenster gezählt. Meist habe ich dir beim Atmen zugeschaut. Ich dachte, das mit dem Sterben läuft so: Irgendwann hebt sich dein Brustkorb nicht mehr, dann piepst der Monitor, ein Arzt stürzt herein und presst dir die Pfannen des Defibrillators auf den Oberkörper. Drei Mal oder vielleicht vier Mal, du bäumst den Körper auf. Es hilft nichts. Der Arzt lässt die Schultern fallen, schüttelt seinen Kopf, schon wieder eine Schlacht verloren. Erschöpft dreht er sich zu mir und lässt mich seinen Blick lesen. Deine Mutter ist tot, steht da.

Doch natürlich bist du anders gegangen. Vier Tage habe ich deinen Schneewittchenschlaf bewacht. Ich habe mir im Kopf schon ein paar Mal unsere Geschichte erzählt, aber immer leise und niemals dir.

Reinhard, mein Lieblingspfleger, war der Meinung, du würdest verstehen, was wir sprechen, das hätte die Koma-Forschung erwiesen. Doch abends, als ich das in der Pension googelte, fand ich nichts, was diese These gestützt hätte. Trotzdem hätte ich dir unsere Geschichte vorgetragen, wenn sie nicht zu groß und zu klein zum Sterben gewesen wäre.

Dann bist du plötzlich im Bett gesessen, wie ein Klappmesser bist du hochgefahren. Du hast mit großen Augen gestaunt: „Wo bin ich?". Ich glaubte, du wärst aus dem Koma zurück und wollte dich in den Arm nehmen. Du hast meine Hand gesehen und mich gebissen. So fest du nur konntest. Ins Bett gefallen, tot warst du. Der Monitor war still. Niemand stürzte ins Zimmer. Mein Blut tropfte aufs Bett.

So ist Sonnie gestorben.

Sie haben mich „nach Hause" geschickt.

Ich bin zurück in die Pension „Zur Dorflinde". Seit das große Krankenhaus in den Siebzigern an den Ortsrand gebaut wurde, steht hier aber keine Linde mehr und das Dorf ist nur noch Schlafplatz für Menschen, die in der Stadt arbeiten. Die kleine „Dorflinde" ist das vorübergehende Zuhause der Angehörigen jener Menschen, die keine hundert Meter entfernt, in Betten liegen und nicht mehr ganz am Leben sind, aber auch noch nicht tot.

Die Angehörigen sind im Frühstücksraum angestrengt nicht-traurig. Man lächelt sich gegenseitig mutig an. Das soll bedeuten: Ich habe mich damit abgefunden, wie das Leben heutzutage endet. Es ist alles in Ordnung. Am Abend, wenn wir uns wieder in der Dorflinde sammelten, sah man ihnen an, dass die Last auf ihren Schultern mehr als nur ihr eigenes Leben wog.

Begonnen hätte meine Geschichte über dein Leben natürlich mit deiner Geburt. In der Dokumentation in meinem Kopf singt im Hintergrund Bill Ramsey den „Babysitter Boogie" und eine Slideshow von Fotos aus Omas Alben ist zu sehen.

Oma und Opa als junge Menschen, er in kurzen Hosen und Sandalen, sie in einem Petticoat und vor ihnen, in einem Panzer von Kinderwagen, unter dicken Decken, dein Babygesicht. Im Hintergrundsong lacht ein Baby.

Das wäre angemessen. Oma hat immer gesagt: „Unsere Tochter ist ein Geschenk der Sonne an uns." Sie meinte nicht dein Lächeln, bei dem du die Augen geschlossen hast, voller Vertrauen in die Welt. Auch nicht deine wilden Locken oder den Ozean an Sommersprossen. Es war einfacher: Sie meinte dein Wesen. Du warst der wärmste Mensch der Welt, die Sonne strahlte dir aus jeder Pore.

Die Erde ist kälter und dunkler ohne dich. Ich glaube, das ist der Grund, warum ich meinen Vater nie vermisst habe.

„Als Sonnie eine junge Frau war", hat Opa erzählt, „sammelte sich eine ganze Traube junger Männer um sie. Sicher hat sie uns ihre Freunde vorgestellt, aber bald haben wir uns die Namen nicht mehr gemerkt und das Zählen eingestellt".

Irgendwann hat dann ein Spermium ein Ei getroffen und niemand konnte sagen, wann das war. So kam ich auf die Welt. Halb Sonnie, halb eine kollektive Anstrengung deines Fanclubs.

Ich verstehe. Es gibt viele Menschen, die Wärme und Licht brauchen und nur wenige, die sie abgeben.

Du warst mir immer genug. Manchmal sogar zu viel, aber nie habe ich deine Zuwendung vermisst. Du hast zuhause gearbeitet, als freie Grafikerin, wie du das genannt hast, mit Betonung auf „frei". Wir waren jeden Tag 24 Stunden zusammen, immer hattest du Zeit für mich. Natürlich gab es drängende Abgabetermine oder Ärger mit Kunden, doch ich erkannte schon als Kleinkind, wenn du überfordert warst. Dann zog ich mich zurück.

In jedem Raum gab es Papier und Farben und wenn ich die Tapeten für meine künstlerische Vision benötigte, dann war das so. Punkt.

Mein Name ist Maximiliane. Das ist ein Auftrag. Dein und mein Lieblingsbilderbuch ist „Wo die wilden Kerle wohnen" und dessen Held heißt Max. So hast du mich gerufen: „Max".

Den Max aus dem Buch habe ich nie gemocht. Er war abenteuerlustig, aber eigensinnig. Selbstbewusst war er, keine Frage, aber selbstherrlich auch. Er nannte sich „König der wilden Kerle", doch eigentlich sehnte er sich – nach dem Abendessen.

Doch wer interessierte sich für Max? Wir waren die wilden Kerle. Wir konnten fürchterlich brüllen, fürchterlich die Zähne fletschen und fürchterlich die Augen rollen. Keiner sagte uns, wann wir ins Bett zu gehen hatten oder dass es sich nicht gehört, eine Woche lang nur Pfannkuchen mit Erdbeermarmelade zu essen – morgens, mittags und abends.

Irgendwann bastelten wir meine Schultüte. Grasgrün war sie. Du hast perfekte rote Kreise aus Tonpapier geschnitten. Komplimentärkontrast. Ich klebte auf jeden sieben schwarze Punkte, fertig war der Marienkäfer. Als ich vor dem Schulhaus stand und Opa in seinem Anzug Fotos von mir machte, hast du geweint. Freudentränen, dachte ich, aber heute weiß ich, es waren Abschiedstränen.

Es ist dir nicht leicht gefallen, mich jeden Morgen gehen zu lassen. Im Flur hast du mich in die Jacke gepackt, dich vor mich gekniet und mich gebissen. In die Wangen, die Finger oder, wenn ich schnell genug war, durch den Stoff in die Arme. „Ich will dich fressen! Weil ich dich so lieb habe!" Wilde Kerle.

Dann bin ich die fünfzig Meter gelaufen und in den Schulbus gestiegen. Wenn er vor unserer Haustür vorbeifuhr, bist Du im Morgenmantel vor der Tür gestanden und hast Deine Zähne fürchterlich gefletscht, die Augen gerollt und alle Nachbarn fürchterlich wachgebrüllt.

In der großen Pause drängelten sich alle, um zu sehen, was du mir eingepackt hattest. Waren es wieder pink gefärbte Bananen, weiße Mäuse, oder ein „Antikäsesandwich" – oben Käse, unten Käse und in der Mitte eine Scheibe Brot? Vielleicht ein Schnitzel in Herzform oder Nashornköttel, wie du Deine staubtrockenen Falafel nanntest?

Als ich in die Schule kam, lernte ich, wie andere Familien leben. Bei meinen Freundinnen und Freunden gab es neue und aufregende Dinge. Ordnung und Hygiene, zum Beispiel. Sie hatten eigene Zimmer, in die sie aufgeräumt wurden und die sie aufräumen mussten. Sie hatten eigene Tablets, um ihre eigenen Geschichten zu schauen und Spiele zu spielen, sobald ihnen langweilig wurde. Sie hatten erst nach den Hausaufgaben sogenannte „Freizeit".

Dort, bei den Eltern meiner Freundinnen und Freunde bekam ich „endlich mal etwas Ordentliches zu essen". Ordentliches Essen ist ordentlich gestapelt im Schrank. Es hat eine eigene Maschine, in der sich ein Teller dreht. Wenn das ordentliche Essen heiß ist, macht die Maschine „Ping".

Ich hatte kein eigenes Zimmer und kein Tablet, aber ich musste auch nicht aufräumen. Wir hatten nicht einmal einen Fernseher, aber unser Wohnzimmer war eine Burg, gebaut aus Kartons, Kissen und Decken. Unser Kühlschrank war meistens leer, doch im Eisfach war immer Eiscreme für den Notfall.

Bibi Blocksberg oder Benjamin Blümchen waren mir unbekannt, aber dafür konnte ich AC/DC so laut aufdrehen, wie ich wollte, schreiend durchs Haus laufen und dabei wild tanzen, bis mir schwindlig wurde.

Meistens waren meine ordentlichen Freunde und Freundinnen also bei uns. Das war uns recht.

Natürlich bist Du Elternsprecherin geworden. In jedem Jahr. Niemand konnte Sonnie widerstehen.

Das verstehe ich. Ich brauchte viele Jahre, bis ich deinem Strahlen widerstehen konnte.

Ich war zwölf, als wir unseren großen Streit hatten. Den ersten großen Streit. Ich war zwölf, als ich mir wünschte, du würdest mich nicht mehr jeden Morgen beißen, nicht mehr im Morgenmantel vor der Tür stehen und brüllen und augenrollen und zähnefletschen. Nicht, weil das die Nachbarn weckte, sondern weil die anderen Kinder über dich lachten. Das war ein Verrat, das wusste ich schon damals.

„Aber willst du denn nicht mehr die Königin der wilden Kerle sein?", hast du gefragt.

„Nein!", habe ich geschrien und geweint und mit den Füßen gestampft, „Ich will Maximiliane sein und nicht der blöde Max!"

Ich habe ein eigenes Zimmer bekommen und dein altes MacBook. Ich hatte dich nicht verraten, weil ich so sein wollte wie die anderen Kinder. Oder doch? Nein, ich wollte einfach wissen, wer ich selbst bin. Genau. In meinem Zimmer lagen bald keine Wachsmalkreiden mehr am Boden und kein Papier stapelte sich im Regal. Die Wände waren nicht angemalt und jeden Abend habe ich aufgeräumt.

Natürlich wollte ich sein wie die anderen Kinder.

„Ich kann von überall aus arbeiten, wegen des Internets!", hast du gesagt, als ich zum Studieren ausziehen musste.

„Wie wäre es, wenn wir in Kassel in einer gemeinsamen Wohnung wohnen würden?" Hinter deinen Augen hast du schon die Umzugskisten gepackt. Du hast das neue Büro eingerichtet und dir schon einen neuen Kühlschrank ausgemalt, weil unser alter so laut brummte.

„Und plötzlich war da ein Meer, mit einem Schiff, nur für Max", antwortete ich. „Und er segelte davon, Tag und Nacht, und wochenlang und fast ein ganzes Jahr. Bis zu dem Ort, wo die wilden Kerle wohnen."

Als ich mich hinter das Lenkrad vom Sprinter gesetzt hatte und losgefahren bin, habe ich mich nicht mehr nach dir umgedreht. Sonst wäre ich daheim geblieben. Für immer. Aber ich habe gehört, wie du dein fürchterliches Brüllen gebrüllt hast. Wie damals, als ich mich noch nicht dafür geschämt habe.

Ich bin nur um die Ecke gefahren, dort bin ich stehengeblieben, bis ich durch meine Tränen wieder sehen konnte. Das hätte ich Dir erzählen wollen. Konnte ich aber nicht.

Vier Weihnachtsferien später kam die Diagnose. Zwei Blatt DIN A4. Eng beschrieben und in Latein. Arztbrief, stand im Betreff und dein Name und dein Geburtsdatum. Es dauerte sechs Monate und meine Sonnie, meine Mama, hatte ihre Strahlkraft verloren.

Krebs war mächtiger als die Sonne, damit hatte niemand rechnen können.

Was hätte ich dafür gegeben, noch einmal die Königin der wilden Kerle zu sein! Wie gerne hätte ich mit dir so fürchterlich gebrüllt, dass die Pflegerinnen gelaufen kämen. Hättest du nur zähnegefletscht und augengerollt!

Ich gestehe: Ich glaube Reinhard, nicht der Wikipedia. Ich habe dir trotzdem nicht unsere Geschichte erzählt, denn sie handelt von Trennung.

Ich aber konnte mich nicht mehr von dir trennen. Ich flüsterte dir ins Ohr: „Ich bin's! Dein Max! Ich bin gekommen und ich fahre nie mehr nach Hause zurück! Versprochen."

Du bist in deinem Bett gelegen, im Krankenhaus, weil Tod eine Krankheit ist. Du hast geatmet. Mehr Leben war nicht mehr. Bis du hochgefahren bist und mich ein letztes Mal so fest gebissen hast, wie du nur konntest. Davon wird eine Narbe bleiben. Du wolltest mich fressen, ich verstehe das. Weil du mich so lieb gehabt hast.

Ich liege in der Pension und kann nicht schlafen. Um mich herum träumen die Angehörigen. In ihren Träumen sind sie wieder Kinder und die Menschen, die hundert Meter entfernt langsam sterben, sind wieder groß und stark und allwissend.

Ich stelle mir vor, dass sie miteinander lachen und vielleicht singen oder sogar tanzen. Im Traum.

Ich will nicht schlafen. Die Bisswunde pocht. Ich habe Angst zu träumen. Es wird kalt sein. Ohne Sonnie.

Das Schatzhaus

Mein Vater hatte den Krieg verloren. Er war ein dicker, kleiner Mann, der viel schwitzte und seine fingerdicken Brillengläser putzte, wenn er nachdachte. Seine Erziehung bestand im Erteilen von Befehlen. „Antreten", „Rapport" und „Bett" waren tägliche Kommandos. „Fassung" bedeutete, dass ich nicht mehr weinen durfte und „Ruhe" bedeutete, dass ich nicht mehr fragen durfte. Ich wusste wenig über ihn, aber ich wusste, er hatte den Krieg verloren.

Damals im Krieg war er wohl ein wichtiger Mann im Dorf gewesen, das „dem Feind bis zum bitteren Ende Widerstand geleistet" hatte. So sagte er. Wegen des Widerstandes war das Rathaus von einem Sherman-Panzer zerstört worden und die Hauswände voller Löcher von amerikanischen Maschinengewehren.

Das abgebrannte Pfarrhaus hatte nichts mit der Verteidigung zu tun. Ein abstürzender Ami-Bomber hatte sich seiner Bomben entledigt und dabei den Pfarrer und den Gemeinderat mit in die Luft gejagt. Notgelandet ist er im Nachbardorf. Die Besatzung wurde vom Volkssturm noch am gleichen Tag gehängt, sagte Vater. Das Metallskelett des Flugzeugs wurde ein beliebtes Ziel für Sonntagsspaziergänge.

Ich sei ja in den Krieg geboren, sagte Mutter, strich mir über's Haar und blickte mich an, als wäre ich ein Waisenkind. Ihre Wehmut galt nicht mir, sondern ihr selber. Natürlich erinnere ich mich nicht an meine ersten Lebensjahre. An den „Widerstand", den Panzer, den Bomber, den Frost oder den Hunger.

Ich erinnere mich aber, dass meine Kindheit voller Gewalt war. Ehemänner schlugen Ehefrauen und Eltern ihre Kinder. Nein, jeder Erwachsene hatte das Recht, Kinder zu schlagen. Wir Kinder taten uns zu Banden zusammen. Die Banden verprügelten sich gegenseitig.

Katzenkinder kamen in Jutesäcke und wurden gegen die Wand geschlagen, bis sie sich nicht mehr bewegten. Gänsen wurde der Hals gebrochen, Hühnern der Kopf abgehackt. Ein Schwein bringt eine Familie durch den Winter, also schnitt man ihm im Herbst die Halsschlagadern auf und kochte aus dem Blut eine schwarze Wurst. Pferde und Esel bekamen die Gerte, wenn sie bockten und Mäuse wurden zertreten, wenn man sie erwischte.

So ging man mit Tieren um, und jeder wusste, dass Kinder halbe Tiere waren. Es galt unseren Willen zu brechen und uns die Lust auszutreiben, nur so konnten wir ganze Menschen werden, nur so würden wir Erwachsene. Kinder waren Menschen, die man reparieren musste.

Wir Kinder lebten in unserer eigenen Welt und vermieden jeden Kontakt zu den Erwachsenen. Wir konnten sie nicht verstehen und sie nicht uns. Erwachsene waren Menschen, in denen etwas kaputtgegangen war.

Es waren graue Jahre, nachdem Vater den Krieg verloren hatte.

Dann kam Opa. Ich glaube, es war genau in der Mitte der ewigen Zeit zwischen Sommerferien und Weihnachtsferien und ich war in der dritten Klasse. Auf dem Weg von der Schule war ich über die Weide gestapft, weil ich nach Regenwürmern suchte.

Mein Freund Tristan bekam immer die „Rasselbande", weil sein Papa den Kiosk am Bahnhof betrieb. In dieser Woche gab es darin eine Geschichte von einem Jungen, der ein Vogelbaby gefunden und aufgezogen hatte.

Der ausgewachsene Rabe wich ihm nicht mehr von der Seite. Raben können bis sieben zählen und sprechen und einen in die Schule begleiten und wieder abholen.

Ich wollte auch einen Raben, deswegen wollte ich schon mal Regenwürmer züchten. Um vorbereitet zu sein.

Weil das Gras mittags noch feucht war, quietschte meine rechte Sandale bei jedem Schritt.

So konnte man sich natürlich nicht an den Gegner anschleichen. Darum hatte Winnetou keine Sandalen, sondern Mokassins. Die wären mir auch lieber gewesen. Ich war so vertieft darin, das Quietschen zu vermeiden, dass ich nicht einmal aufblickte, als ich meinen Vater rufen hörte.

Er und Mama standen vor dem Hof und bei ihnen stand ein großer Mann in einem schmutzigen Wehrmachtsmantel. Die Schulterklappen waren abgerissen. Als mein Vater mich sah, stellte er sein Geschrei ein. Er winkte mir, ich lief gehorsam zu ihm.

„Das ist Stefan", erklärte er dem Mann.

Der schaute mich an und lächelte.

„Und das ist dein Großvater", erklärte Vater mir.

Da beugte sich der Mann auf ein Knie, lächelte noch breiter und hielt mir die Hand hin.

„Grüß dich, Stefan", sagte er. „Du kannst mich Opa nennen, wenn du willst!"

Ich steckte schnell die Regenwürmer in die Hosentasche und schüttelte ihm die Hand. Da breitete er die Arme aus und sagte: „Lass dich umarmen! Ich bin so froh, dass ich dich endlich kennenlerne. Ich hab' dir auch etwas mitgebracht."

Dann umarmte er mich. Es war das erste Mal, dass mich ein erwachsener Mensch umarmte.

Ich war steif wie ein Stock und wusste nicht wohin mit den Armen. Der Fremde roch nach Rauch, Schweiß, Eukalyptus und Seife und klopfte mir sanft auf den Rücken.

„Gleich gibt's Abendessen!", verkündete die Mutter und ging ins Haus.

„Ach, Stefan?" Der Vater trat zu mir und scheuerte mir eine. „Das ist, weil du nicht gegrüßt hast. Wir sprechen uns noch!", dann folgte er Mutter.

Der Fremde kramte in seinen Manteltaschen. „Ah! Das ist er ja! Es ist nur eine Kleinigkeit, aber es ist etwas Besonderes!" Der Mann, der mein Großvater sein sollte, reichte mir einen großen blauen Knopf. Gut möglich, dass ich ein bisschen enttäuscht dreinblickte.

„Das ist ein Himmelsknopf. Je näher er dem Himmel kommt, desto durchsichtiger wird er! Versuch's mal, vielleicht kannst du was erkennen."

Ich hielt den Knopf hoch, aber er sah immer noch aus wie jeder andere Knopf.

„Vielleicht halte ich ihn einmal hoch."

Und er hielt den Knopf hoch über seinen Kopf. „Kannst du jetzt sehen, dass er ein kleines, kleines bisschen durchsichtiger ist? Kann man sehen, oder?"

„Vielleicht. Ein kleines bisschen. Warum ist das so?"

„Eine gute Frage! Ich kann dir sagen, als ich den Knopf abgerissen habe, war er so durchsichtig, dass ich ihn nicht einmal gesehen habe!"

„War das weit oben?"

„Das war ganz, ganz weit oben! Das war vor Petrus' Himmelspforte. Da stand ich mit vielen anderen Soldaten. Die waren froh, dass sie in den Himmel durften, ich war aber gar nicht froh. Ich wollte doch noch unbedingt dich kennenlernen! Also habe ich das zu Petrus gesagt. Aber der hat gesagt: ‚Das geht nicht! Du bist tot'.

Ich bin langsam rückwärts geschlichen, während ich ihm erklärt habe, dass ich noch einmal auf die Erde muss und ich versprach, dass ich bald wieder komme. ‚Das geht nicht! Das steht so nicht im Goldenen Buch!', sagte der Petrus und er wollte mich festhalten. Das ist ein großer und starker Engel, der Petrus, kann ich dir sagen. Der war einmal Fischer, musst du wissen. Und er legte beide Arme um mich herum und drückte fest zu. Er wollte mich hochheben und höchstpersönlich in den Himmel tragen!

Aber ich zog meine Beine ganz schnell an und rutschte ihm unten aus den Armen. Dabei blieb ich mit den Zähnen an etwas hängen. Kaum war ich wieder frei, da rannte ich, so schnell ich konnte, weg von Petrus und der Himmelspforte und wunderte mich, dass ich ein Bonbon im Mund hatte.

Als ich wieder auf der Erde war, ganz alleine mitten in Russland, da spuckte ich das Ding aus. Es war genau dieser Knopf! Wie ich an Petrus runtergerutscht bin, habe ich ihm aus Versehen von seiner Kutte einen Knopf abgebissen. Aber oben im Himmel war der so durchsichtig, dass ich ihn überhaupt nicht gesehen hatte. Kannst du dir das vorstellen? ‚Das ist doch etwas für meinen Enkel', sagte ich mir und steckte den Knopf ein. Und jetzt bin ich nach vielen Jahren wieder nach Hause gekommen und schenke dir den Knopf von Petrus! Aber", jetzt flüsterte er, „erzähle am besten niemandem diese Geschichte. Wenn die wissen, wie wertvoll der Knopf ist, dann stiehlt ihn vielleicht noch ein Meisterdieb der Assassinen aus deinem Zimmer!"

Mit offenem Mund hatte ich gelauscht. Ich hatte auf einmal einen Lieblingserwachsenen. Meinen eigenen Großvater, den ich noch niemals im Leben gesehen hatte. Tristan und Connie und Franz würden grün vor Neid werden, wenn ich ihnen den blauen Knopf zeigte!

Das war der Moment, in dem meine Kindheit begann.

Es gab von der grässlichen Blutwurst und Brot zum Abendessen. Vater und Opa saßen sich in der guten Stube gegenüber. Mama deckte auf. Keiner sprach.

Die Standuhr tickte und eine Fliege irrte durch den Raum. In mir kribbelten hundert Fragen, aber mir war der Mund verboten. Links hielt ich den Himmelsknopf in der Hand, die rechte Hand prüfte, ob sich die Regenwürmer in der Hosentasche noch regten.

„Du hättest uns schreiben sollen. Dass du kommst", sagte Vater.

Wenn er sprach, holte er erst tief Luft, blähte seinen Bauch auf, bildete im Kopf kurze Sätze, die er dann ausspuckte wie Kirschkerne. Manchmal, wenn er erregt war, stotterte er trotzdem.

„Ich habe euch geschrieben, aber der Zug war schneller als die Post", sagte Opa.

„Weil, jetzt haben wir wirklich ein Problem, dich unterzubringen!", rief Mutter aus der Küche.

Hatte Opa mit Petrus gerauft, um mich zu sehen? Mich? Warum war er überhaupt tot gewesen? Was waren denn „Assassinen" und würden die wirklich einen Meisterdieb in mein Zimmer schicken? Solche Fragen brodelten in mir, während alle schwiegen. Ich fing an, mit den Beinen zu zappeln. Mein Vater klatschte mit der flachen Hand auf mein Knie. Ich hörte auf. Dafür begann ich auf meinen Lippen herumzukauen.

„Ich arbeite jetzt in der Stadt. Als Buchhalter", sagte Vater.

„Ich werde Möbel restaurieren und verkaufen", sagte Opa.

„Du kannst in Stefans Bett schlafen".

„Und wo schlaf' ich?", platzte ich heraus.

„Du hältst gefälligst deinen Mund, wenn die Erwachsenen reden!", schimpfte Mutter.

„Das ist nicht nötig", sagte Opa, „in Sibirien habe ich auf dem Boden geschlafen."

„Du bist jetzt daheim. Du bist auf meinem Hof", sagte Vater.

Mein Opa lächelte. „Als ich gegangen bin, da war es noch mein Hof."

Die Stille wurde dicht wie Nebel. Ich wollte platzen und stellte mir vor, dass Mutter dann in die Kammer gehen und mich mit dem Mopp aufwischen würde. Die beiden Männer würden das nicht bemerken, weil sie so mit Starren beschäftigt waren.

Opa stand auf. „Ich werde in den Schuppen ziehen, kein Problem. Es ist dein Hof. Mach dir keine Gedanken."

So wurde aus unserem Schuppen das Schatzhaus.

Opa richtete ein Schlafzimmer, ein Wohnzimmer und eine große Werkstatt dort ein. Überall zimmerte er Regale an die Wände, denn er war leidenschaftlicher Sammler.

Federn, Knöpfe, Zigarren, Strohhüte, Bibeln, seltsame Flaschen, Spielkarten, Bierdeckel, Wanderabzeichen, Karl-May-Bücher, Teppiche, Fahrradklingeln, Haselstecken, Backrezepte, Briefmarken, Münzen, Schnupftabaksdosen, Bilder mit Engeln, Mausefallen, Aschenbecher und Autogramme von Fußballern.

Für uns Kinder wurde das Schatzhaus ein heiliger Ort voller Reliquien und Reichtümer. Ein verzauberter Platz, den wir besuchen durften, wann wir wollten; wir mussten nicht einmal klingeln oder klopfen. Er sammelte mit uns und er tauschte mit uns. Zinnsoldaten, Quartettkarten, Pfefferminzschokolade oder außergewöhnliche Astgabeln. Wenn jemand ein paar Groschen für Brause benötigte, fand sich immer etwas, was man Opa verkaufen konnte.

Meine Freunde und ich verbrachten jede freie Minute hier, wo wir immer willkommen waren. Das waren zum einen Tristan; dann natürlich Franz, der Sohn des Gemüsebauers; Connie, die Tochter von Frau Griebel und Erika, ihre kleine Schwester.

Wegen Opa wurden wir zu einer richtigen Bande.

„Das Tolle an einer Bande ist, dass man sich schwört, zusammen zu halten durch dick und dünn", erklärte er. „Die Mitglieder einer echten

Bande halten zusammen wie Brüder und Schwestern. Nein, sogar noch mehr. Denn bei einer Bande ist man freiwillig oder nach einer Aufnahmeprüfung, bei Geschwistern hat man keine Wahl.

Eine Bande ist wie ein Mensch! Bloß fünfmal so schlau und fünfmal so stark. Der Thorsten mag der stärkste Bub an der Schule sein, aber gegen eine ganze Bande hat er keine Chance.

Wenn man in einer Bande ist, dann kann man auch nie todunglücklich sein. Denn man weiß, wenn es einem ganz, ganz schlecht geht, muss man nur seine Freunde rufen und die helfen einem dann. Wenn man Unglück teilt, dann wird es weniger. Wenn man sich aber freut oder glücklich ist, dann kann man das auch mit den Freunden teilen und dann freuen die sich mit einem. Die sind dann nicht neidisch oder wollen einem das Glück wegnehmen. Denn wenn man das Glück teilt, dann wird es mehr. Ist das nicht toll angelegt in der Welt?"

Er half uns auch bei der Formulierung unseres Treueschwurs.

„Bei allem, was mir lieb und heilig ist. Ich schwöre, allen Menschen der Bande immer ein guter Freund zu sein. Niemals eines unserer Verstecke zu verraten. Niemals ein Bandenmitglied anzulügen, außer wenn es um Geburtstagsgeschenke geht.

Mich niemals zu schämen, wenn ich um Hilfe fragen muss und jedem zu helfen, der Hilfe benötigt.

Wir sind die Schatzhausbande. Wir wollen immer zusammenhalten. Und wir werden das Böse bekämpfen, wenn wir es sehen. Das schwöre ich mit aller Kraft, die meiner Brust innewohnt!"

Im ersten Sommer ging Opa mit uns zelten, so wie er das selber als junger Mann bei den Wandervögeln gelernt hatte. Er brachte uns deren Lieder bei.

„Wir sind eine kleine verlorene Schar, wir stehen für uns auf der Welt.

Und jeder Kerl, der mit uns war, hat für immer sich zu uns gesellt.

Wir leben in Lumpen, wir lieben die Nacht, unsre Zeit heißt immer das Jetzt.

Wir haben die Spießer ängstlich gemacht, und wir lachen, wenn man uns hetzt."

Am Abend erzählte er uns am Lagerfeuer eine Gruselgeschichte, die er selbst in Polen erlebt hatte und in der ihm ein großzügiges Gespenst den Weg nach Deutschland erklärte. Wir sammelten Leuchtkäfer und aßen die Beeren und Pilze, die im Wald kostenlos wuchsen. Wir fingen eine Forelle mit einer selbstgebauten Angel und eines Morgens besuchte uns ein Hirsch, der sich sehr über unser Zelt wunderte.

Das Schatzhaus und die Schatzhausbande sind meine Kindheit.

Großvater schob seinen Leiterwagen durch die Dörfer und kam mit alten Möbeln zurück. Hocker, Nachttische, Kommoden, Truhen oder sogar Schränke. In seiner Werkstatt reparierte er sie und tauschte die Beschläge aus.

Danach bemalte er sie mit Mustern aus Blumen, Vögeln oder kleinen Tieren. Am Ende wurden sie gebeizt und geschrubbt, bis sie gleichzeitig neu und alt aussahen.

Er hatte in der Zeitung in Köln eine Annonce veröffentlicht und am Wochenende kamen die Besucher aus der großen Stadt. Hier im Dorf hatten wir kaum Autos, nur den Lieferwagen am Bahnhof und das Polizeiauto. Die Städter kamen mit Wägen, die Goliath, Isabella, Lloyd, Gutbrod oder Prinz hießen und die Dorfjugend versammelte sich vor dem Schatzhaus, um sie zu bestaunen.

Opa führte die Besucher durch die Werkstatt und oft genug wurde danach eines seiner Werkstücke auf ein Auto geschnallt. Echte Bauernmöbel bleiben immer modern, erklärte er. Im Dorf schüttelte man nur den Kopf, dass sich mit altem Trödel Geld verdienen ließ. Stadtmenschen!

Eines Tages hielt vor dem Schatzhaus ein Polizeiauto mit Kölner Kennzeichen und Opa war weg.

Wie sich herausstellte, hatte er es nicht so genau genommen, wenn es um das wahre Alter seiner Möbel ging und das Schatzhaus wurde versiegelt. Er kam in Beugehaft und von dort ins Krankenhaus. Seine Kriegsverletzungen hatten ihn eingeholt.

Ich war damals auf dem Weg, selbst erwachsen zu werden. Die Schulzeit war vorbei und ich fuhr jeden Tag mit dem Moped zu meiner Lehrstelle in die Stadt. Für die Schatzhausbande fand ich keine Zeit mehr. Meine Sorgen waren andere: Wieviel Pomade verträgt meine Frisur? Finden Mädchen mich trotz der Akne attraktiv, wenn ich so lächele wie James Dean?

Opa habe ich nur ein einziges Mal im Krankenhaus besucht.

Die Beerdigung sollte an einem Samstag stattfinden und die Polizei hatte den Zutritt zum Schatzhaus wieder erlaubt. Als ich mit meinem Moped von der Arbeit kam, waren die Aasgeier schon eingetroffen. Nur meine Familie war nach dem Krieg in der Eifel geblieben, der Rest der Verwandtschaft hatte sich über die Bundesrepublik verteilt.

Alle im Dorf vermuteten, dass in den Sachen, die mein Großvater gesammelt hatte, Reichtümer verborgen waren.

Und damit hatten sie natürlich recht. Alle hielten meinen Großvater für einen reichen Mann. Es musste einen Grund haben, dass er immer zufrieden gewesen war.

Mein Cousin aus Frankfurt war mit einem mintfarbenen Auto gekommen; der Kofferraum füllte sich. Er grüßte mich mit einem Nicken, während er einen Teppich durch den Flur bugsierte. Ich betrat das Wohnzimmer, das nach dem kalten Rauch von Opas Zigarren roch. Achtlos wühlten überall unbekannte Menschen durch Regale und Schränke. Ich erfuhr, dass ich eine Cousine mit Namen Erika habe, als mein Onkel sie mir vorstellte, während sie schnell mit drei Münzalben unter dem Arm an uns vorbeihuschte.

Die Münzen waren am schnellsten geplündert, dann waren die Zigarren verschwunden. Dicht gefolgt von den Briefmarken, den Karl-May-Büchern und den Bibeln. Selbst die Fahrradklingeln verschwanden. Die Verwandtschaft aus Bielefeld kam etwas spät. Sie täuschte Kunstverständnis vor, riss die Engelbilder von den Wänden und stapelte sie wie Bretter auf ihren Anhänger.

Ich setzte mich still auf den durchgescheuerten Ledersessel meines Großvaters und sah dem Vandalismus zu, blickte den Erwachsenen in die Gesichter.

Als die Glocken der Dorfkirche zur Totenmesse läuteten, einigten sich die Hyänen stumm auf einen Waffenstillstand. Ihre Mimik schaltete – klick – um auf Traurigkeit. Ich blieb im Schatzhaus zurück.

Stumm saß ich in Opas Sessel. Ich hörte durch die offenen Türen und Fenster, wie man in der Kirche Lieder sang für meinen Großvater und sah aus dem Wohnzimmerfenster, wie sie meinen Lieblingserwachsenen in einer Holzkiste zum Friedhof trugen. Unser Pfarrer sprach bedächtig, ich verstand keinen Ton. Umso besser.

Da fiel mir ein: Sobald die Beerdigung vorbei war, würden meine Verwandten wieder hier einfallen und ich müsste dem Abriss weiter machtlos beiwohnen. Kurz hatte ich den Einfall, das Haus zu verrammeln, alle Türen zu vernageln und jeden Verwandten, der durch die Ritzen schlüpfen wollte, mit einem der Haselstecken grün und blau zu prügeln.

Aber ich wollte niemanden mehr sehen und von niemandem gesehen werden. Unschlüssig stand ich im Schatzhaus und fragte mich, ob ich nicht auch etwas mitnehmen sollte, als Erinnerung an meinen Großvater.

Die Eichelhäherfeder, die er stolz auf dem Strohhut trug, nachdem ich sie ihm geschenkt hatte?

Den Kompass ohne Nadel, der prima funktionierte, weil er ja immer in den Himmel zeigte?

Die Zigarren, die angeblich in Kuba extra für ihn gedreht wurden, um böse Geister in einem und um einen zu vertreiben?

Die Kiste mit den gleichen Fleißbildchen, die in unserer Schule verliehen wurden, und die er in der Stadt bestellt hatte und heimlich an uns verteilte, obwohl wir gar nicht fleißig waren?

Die Pistolenkugel, die ihm den rechten Lungenflügel durchbohrt hatte und die er, obwohl sie nicht operierbar war, eines Tages aushustete?

Den schwarzen Stein, der als einziges übrigblieb, als der Teufel seinen bösartigen Feldwebel auf dem Schlachtfeld in die Hölle holte?

Nein. Ich ließ alles an seinem Platz liegen. Ich nahm nichts mit. Diese unscheinbaren Dinge – die wahren Schätze, der wahre Reichtum – waren für Erwachsene wertlos und ich würde meinen Großvater sowieso niemals vergessen.

Das Letzte, was mein Großvater mir im Krankenhaus erzählt hatte, war, dass er den Bestatter aus der Wehrmacht kannte und mit ihm ausgemacht hatte, ihn falsch herum in den Sarg zu legen, damit die Menschen am Tag der Beerdigung, ohne es zu wissen, nicht in Richtung seines Gesichts beteten, sondern in Richtung seines Hintern.

Aber der Bestatter war natürlich auch nur ein Erwachsener. Mein Opa und ich wussten, dass es nicht so kommen würde.

Ich stieg auf mein Moped und fuhr wieder in die Stadt. Das Schatzhaus habe ich niemals mehr betreten und mein Dorf habe ich im Jahr darauf verlassen. Den Himmelsknopf, den mein Opa Petrus vom Mantel gebissen hat – den habe ich noch immer.

Ghostwriter

Es sah aus wie ein Stück schwarzes Glas mit abgerundeten Ecken, aber es war ein Telefon. Wenn Anna einen Knopf an der Seite drückte, dann wurde das Glas hell und genau zwölf quadratische Symbole waren zu erkennen.

Dummes Smartphone!

Ein Quadrat war hellgrün und darauf war ein weißer Telefonhörer gemalt. Ein Symbol aus der Zeit, als Telefone noch mit der Wand verdrahtet waren.

„Es ist ganz einfach", hatte ihre Tochter gesagt. „Deine Enkel können das!"

Ich brauche kein Smartphone!

„Man drückt auf das Symbol und dann kommt eine Liste mit den Kontakten. Und dann tippst du auf die Person, die du anrufen willst, zum Beispiel mich, deine Tochter, und schon wählt das Telefon die Nummer. Kein Mensch merkt sich mehr Telefonnummern, Mama."

Ich schon!

Die Tochter hatte die Enkel genommen, sich in ihr Auto gesetzt und war wieder gefahren. Und das Stück Glas lag jetzt auf dem Tisch. Ihr altes Handy lag daneben. Auch ein Telefon, aber halt nicht smart.

Ein Telefon muss auch nicht smart sein!

Rudi hatte genau das gleiche Modell gehabt, nur in Blau. Das hatte ihnen gereicht. Hat ja sowieso niemand angerufen, außer ihrer Tochter. Wenn sie alle zwei Wochen ihren Angstanfall hatte und dachte, ihre Eltern wären tot.

Sind eher vier Wochen!

Rudi und Anna hatten entdeckt, wie man sich SMS schreibt. Das war nicht einfach, denn die Beschriftung der Tasten war sehr klein.

Manche Ziffern musste man dreimal drücken, bis der richtige Buchstabe auf dem Display erschien.

Als ihre Hüften nicht mehr konnten und Rudi allein in den Schrebergarten fuhr, hatte er ihr immer berichtet. „Rosen heuer beinahe zwei Meter", hatte er geschrieben. Oder: „Nowaks halten Karpfen in Regentonne". Oder „Regen hört nicht auf. Komme bald".

Zwei Jahre war das schon her. Die Beerdigung.

Anna drückte einen Knopf an der Seite des schwarzen Glases. Dann tippte sie auf den Telefonhörer. Da waren ihre Kontakte. Woher das Glastelefon die kannte, wusste sie nicht. Sie schob die Liste mit dem Finger nach oben. Beim Buchstaben „R" gab es drei Einträge: „Rentenversicherung", „Rossmann" und „Rudi".

Was, wenn ich auf „Rudi" tippe?

Vor ihren Augen erschienen plötzlich alle Nachrichten, die sie sich mit ihrem Mann geschrieben hatte. In grauen Rechtecken waren Rudis Texte und in grünen ihre Antworten. Wenn sie die Liste hinunterschob, ging die Reise in die Vergangenheit weiter, bis ins Jahr 2008. Das Smartphone hatte keinen Buchstaben vergessen. Sie wedelte mit dem Finger die ganze Liste vorwärts, bis zur letzten Nachricht. „Nachtschwester ist dumm. Schlafe jetzt. Nacht, Schatz."

Dann war Rudi nie mehr aufgewacht.

In einem grauen Balken blinkte ein Strich, unter der Liste mit den Nachrichten. Anna tippte auf den Strich und eine winzige Schreibmaschine erschien auf der Glasscheibe. Das war aufregend!

Sie kochte sich noch einen Tee, als sie wieder zum Tisch kam, war die Glasscheibe wieder schwarz. Als sie den Knopf an der Seite drückte, war da immer noch die Tastatur. Sie tippte:

„Ich hoffe, es geht Dir gut!"

Das Telefon wurde wieder schwarz. Sie nahm einen Schluck Tee, als es auf einmal ein Geräusch machte. Sie hatte eine Nachricht bekommen!

„Ich hoffe, es geht Dir gut!", stand da.

„Danke! Ist heiß hier!"

Mein Gott! Was war das? Was bedeutete das denn? War Rudi nicht tot? Hätte sie schon länger schreiben sollen?

Oder hatte er eine Nachricht aus dem Leben nach dem Tod geschrieben? Geistertext? Konnten Geister tippen?

Lange blickte Anna auf das Stück Glas, der Tee war eiskalt.

"Wo bist Du denn?", tippte sie schließlich. *"In der Hölle?"*

Prompt kam die Antwort: „LOL. So kommts mir vor! Freibad natürlich!"

"Rudi? Bist Du es?"

„Rudi? Ich bin Tobias. Und Du?"

"Anna. Warum hast Du Rudis Handynummer?"

„Keinen Schimmer. Ist 'ne neue Nummer, habe ich erst drei Monate."

"Das ist Rudis Nummer!"

„Nee, ist jetzt meine. Hat er seine Rechnung nicht bezahlt, vielleicht?"

"Wir zahlen unsere Rechnungen!"

„Hat er 'ne neue Nummer?"

"Rudi ist tot!"

„Oh! Shit! Sorry!"

"Are you from England, Tobias?"

„Nö. Bochum. Und Du?"

"Essen. Nicht weit weg!"

„Nice!"

"Geht so. Komme aus Hamburg. Da war es schöner."

„Cool. Komme aus Dortmund. Da war's auch abgefuckt."

„Was heißt das denn?"
„Nicht schön, heißt das."
„Verstehe."
„War Rudi Dein Freund?"
„Mein Mann."
„Sorry! Schon lange tot?"
„Zwei Jahre."
„Fuck! Bist Du traurig?"
„Manchmal. Er fehlt mir sehr."
„Wart ihr lange zusammen?"
„55 Jahre verheiratet."
„Ist ja crazy! Meine Mom ist gerade 50!"
„Wie alt bist Du denn, Tobias?"
„15. Und Du?"
„79."
„Cool! So alt und trotzdem ein Smartphone!"
„Hat meine Tochter mir geschenkt."
„Klar. Wohnt die noch bei Dir?"
„Nein. Keiner wohnt bei mir."
„Oops. Und? Wie ist das?"
„Abgefucked ist das."
„LOL! Du lernst schnell!"
„Danke, Tobias!"
„Bist Du einsam, oder?"
„Schon."

„Kenne ich. Meine Eltern haben sich getrennt. Mom schuftet den ganzen Tag, bin immer alleine daheim."

„*Tut mir leid zu hören.*"

„Ist besser, wenn sie nicht da ist. Die nervt!"

„*Das sagt man aber nicht über die eigene Mutter!*"

„Die findet alles, was ich mache, scheiße. Die nennt mich ‚Pubertier'."

„*Gut. Das ist nicht nett, zugegeben.*"

„Bloß wegen meines Alters."

„*Kenne ich. Gibt's auch, wenn man 79 ist. Meine Tochter nennt mich ‚Omi'*"

„Ist uncool."

„*Genau. Uncool.*"

„Man könnte sagen: Abgefucked."

„*Könnte man. Diskriminierend ist das. Altersdiskriminierung!*"

„Weißt Du was, Anna?"

„*Nicht viel.*"

„Ich bin am Wochenende in Essen. Bei Dad."

„*Das ist ja ein lustiger Zufall.*"

„Ja, jedes zweite Wochenende muss ich da schlafen."

„*Musst Du?*"

„Haben die zwei bei der Scheidung so geregelt. Aber Dad ist auch immer am Schuften. Abends zockt er manchmal mit mir."

„*Im Ernst? Aber Glücksspiel ist verboten.*"

„Nein. Auf der Konsole."

„*Ihr sitzt dabei auf der Konsole?*"

„Konsole ist auch so eine Art Smartphone. Ist nicht verboten!"

„*Gut. Das beruhigt mich.*"
„Da könnte ich Dich doch besuchen?"
„*Aber wir kennen uns doch gar nicht, Tobias!*"
„Klar, wir schreiben uns doch!"
„*Wie erklärst Du das denn Deinen Eltern?*"
„Gar nicht. Merken die gar nicht."
„*Ich weiß nicht.*"
„Stress Dich nicht – ich check' das schon ab!"
„*Du checkst das?*"
„Ja. Wird cool! Relax!"
„*Na gut. Samstag?*"
„Klar. Samstag. Die Adresse kannste ja noch schreiben, okay?"
„*Mach' ich. Hast Du einen Lieblingskuchen?*"
„Erdbeere?"
„*Gut. Erdbeere! Wird gebacken!*"
„Cool!"
„*Cool!*"
„Bis dann, Omi!"
„*Bis dann, Pubertier!*"

Das Glas wurde nach einer Minute wieder schwarz. Samstag war in drei Tagen. Sie würde noch Erdbeeren besorgen müssen. Und Eier, für den Biskuit. Ob Tobias wohl Sahne mochte? Aber, wer mochte denn keine Sahne? Egal, ob man in der Pubertät ist oder steinalt: Sahne mochte jeder, oder?

Doch keine schlechte Sache. So ein Smartphone.

Wie ein Nachwort

Als ich in die fünfte Klasse kam, war das Gymnasium München Moosach provisorisch im obersten Stockwerk einer Gewerbeimmobilie untergebracht, im Erdgeschoss war ein großer Baumarkt. Die Politik war von der Personalstärke meines Jahrgangs 1964 vollkommen überrascht – anscheinend horten die Standesämter ihr Wissen besser als der BND.

Unser Kunstlehrer hieß, glaube ich, Herr Richard? Die zwei Jahrgänge über uns urteilten über ihn, dass er der coolste Lehrer an der Schule sei. Obwohl man 1974 wahrscheinlich nicht „cool" gesagt hat. Vielleicht „knorke", „dufte", oder „prima".

Trotzdem waren die zu gestaltenden Bilder eher von der langweiligen Art. „Male einen Fesselballon, dessen farbige Streifen einen Komplimentärkontrast bilden." Lieber war es uns, wenn wir Dias von berühmten Kunstwerken sahen und darüber diskutierten.

Doch es gab auch freiere Themen. Zum Beispiel: „Eine Person liegt im Bett und träumt". Das gefiel mir schon besser. Ich zeichnete einen Glatzkopf in die Mitte des Blattes, der vor Angst schreit. Statt Beinen und Armen hatte sein Körper Baumstämme und bis auf eine Aussparung über ihm füllte ich das Papier mit Ästen, Zweigen und Insekten. Dann färbte ich den Hintergrund schwarz mit Tusche und malte in die kreisrunde Aussparung einen Vollmond, der bösartig feixte. Ein Albtraum. Gibt's ja auch, oder?

Meine Klassenkameraden machten sich über mein Gekrakel lustig. Wilde Striche, keine Perspektive, der Mond lacht nicht, das kann ja jeder. „Eben nicht!", meinte Herr Richard – wenn er so hieß – und gab mir eine Eins. Die nächste Doppelstunde verbrachten wir damit, darüber zu diskutieren, was denn Kunst ist und was nicht.

Mir aber war klar: Ich werde Maler! Wie Munch, Van Gogh oder Windsor McCay („Little Nemo"), von denen ich mein Bild zusammengeklaut hatte. Wegen einer einzigen guten Zensur.

Ist nicht so gekommen. Nicht, dass ich es nicht versucht hätte. Doch, Schritt für Schritt, zwangen mich die Nornen zum Text. Ich machte eine Ausbildung zum Illustrator, verdiente mein Geld aber als Grafik-Designer. Statt Designs fertigte ich aber Zeitschriftenlayouts am Computer. Von dort ging der Weg über das Gestalten von Websites zu der modernen Technologie „Podcasts". Ich begann, meine Podcasts zu scripten und – Jahrzehnte später – saß nun auf einem Schatz von mehr als 1000 Geschichten, zwei Romanen auf der Festplatte und einer sehr kleinen, aber feinen „Fanbase".

Diese Entwicklung führte zum Eigenverlag des

vorliegenden Bandes, denn jeder Verleger, Herausgeber, Lektor oder Agent bekommt bei der Vorstellung, Kurzgeschichten auf den Markt zu bringen, nervöse Zuckungen. Das geht nicht, das kauft keiner, das will niemand lesen.

Dieser Weg wäre nicht möglich gewesen ohne Urd, Verdandi und Skuld. So die Namen der Nornen, die mir die Tastatur statt des Pinsels an die Finger montierten. Dann folgten meine Hörenden, die erst den „Explikator" zu einem erfolgreichen Podcast machten und auch dem Nachfolgeformat „Anders & Wunderlich" - **morgenradio.de** - die Treue hielten.

„Anders" ist der Nachname meiner Partnerin in Life & Crime: Ellen Anders, für die keine meiner Ideen zu doof ist und die immer hundertprozentig vor mir steht. Und hinter mir auch. Vielen Dank dafür.

Auf dem Weg haben mich auch meine Kinder begleitet, die ich beobachten durfte, während aus properen Säuglingen die zwei besten Menschen in diesem Arm der Milchstraße wurden. Punkt. Keine Diskussion!

Bei der Realisierung von „Wir, die Anderen" war mir Susanne Zeyse - **lektorat-zeyse.de** - eine wichtige Stütze, die als Lektorin meine Texte lesbarer gemacht hat, einige meiner Darlings gekillt hat – wie das Lektoren tun – und mir an vielen Stellen den Zeigefinger abgewöhnt hat, der zu offensichtlich auf die Moral der Geschichte wies. Vielen Dank dafür.

Und, ganz am Schluss, möchte ich dir danken, Leserin oder Leser. Danke dafür, dass du meinen kleinen Geschichten Lebenszeit geschenkt hast. Ich kann schon jetzt versprechen, dass diesem Buch noch weitere folgen werden – geplant sind vier Bände mit Geschichten – und dann liegen ja noch die Romane in der Schublade.

Wie es weiter geht, lässt sich entweder in meinem Blog verfolgen – **oliverwunderlich.de** – oder auf Instagram – @explikator – oder aber Du abonnierst meinen Newsletter, Anmeldeformular auch im Blog.

Auf diesem Kanal folgen nun, nach der
Ausstrahlung des obigen Werbeblocks:
Liebesgeschichten!